토머스 쿤,
미완의 혁명

암곡학술총서 4

토머스 쿤, 미완의 혁명
역사주의자의 언어적 전회와 자연주의적 재구성

초판 1쇄 발행 2023년 6월 10일

지은이 천현득

펴낸곳 서울대학교출판문화원
주소 08826 서울 관악구 관악로 1
도서주문 02-889-4424, 02-880-7995
홈페이지 www.snupress.com
페이스북 @snupress1947
인스타그램 @snupress
이메일 snubook@snu.ac.kr
출판등록 제15-3호

ISBN
978-89-521-3179-9 94100
978-89-521-2905-5 (세트)

암곡학술총서 4

토머스 쿤, 미완의 혁명

역사주의자의 언어적 전회와 자연주의적 재구성

천현득 지음

서울대학교출판문화원

머리말

이 책은 20세기 후반의 가장 영향력 있는 과학철학자인 토머스 쿤의 사상적 발전 과정에 관한 연구서다. 언젠가 쿤 연구서를 쓰겠다는 막연한 계획은 있었지만, 부족하게나마 지금과 같은 형태로 책을 집필하고 출판하게 된 것은 암곡학술상을 수상하고 특별 강연을 하는 행운이 있었기 때문이다. 암곡학술기금 출연자이신 신승일 박사님과 운영위원회에 감사드린다. 과학의 본성과 발달 과정에 관한 역사적·철학적 통찰을 제시한 철학자 토머스 쿤에 관한 이 연구서가 '인문학의 전통을 이어받은 과학'과 '현대 과학의 기초를 이해하는 인문학'의 만남을 기반으로 한 창조적 융합이라는 암곡학술총서의 목적에 부합한다고 믿는다.

쿤의 철학을 소화하는 데에는 오랜 시간이 걸렸다. 무엇보다 은사이신 조인래 교수님께서 쿤의 과학철학에 관한 관심을 환기해 주셨고, 세미나와 여러 논문을 통해 보여 준 선생님의 관점은 쿤에 대한 내 연구의 토대가 되었다. 또한 쿤을 해석하는 나름대로의 시각을 가지게 되기까지 여러 선생님 및 동료와의 대화와 토론이 있었다. 고인석, 이상욱, 윤보석, 정동욱, 허원기, 이정민 선생님께 감사드린다. MIT 도서관의 토머스 쿤 아카이브에서 만난 이후 쿤에 관한 관심을 공유하고 있는 브래드 레이에게도 감사한다. 책의 많은 부분은 연구년 동안 피츠버그대학 과학철학센터의 객원 펠로우로 지내면서 썼다. 연구년의 기회를 준 서울대학교에 감사한다. 또한 펠로우 모임에서 발표했던 3장과 5장의 일부를 읽고 유익한 논평을 해 준 에두아르 마셰리, 해더 더글러스, 브라이언 맥룬, 매튜 파커, 대럴 로우보텀, 라빗 도탄, 에이딘 모세니에게도 감사한다.

이 책의 4장은 『철학』에 발표한 「토마스 쿤의 개념 이론」에 기초를 두고 있고, 5장의 일부는 『과학철학을 위한 옥스퍼드 편람』의 한 장으로 마셰리 교수와 함께 쓴 「과학적 개념Scientific Concepts」에 바탕한다. 『과학철학』에 발표했던 「지각의 인지적 침투와 관찰의 이론적재성」은 6장의 일부로 포함되었고, 7장은 『철학사상』에 수록된 「존재론적 전환으로서의 과학 혁명」을 활용했다. 활용을 허락해 준 학술지와 편집인들께 감사한다.

마지막으로 사람들을 만날 때마다 남편이 무슨 공부를 하는지 설명하느라 애를 먹는 아내와 언제나 삶의 의미를 부여해 주는 두 딸에게 감사의 마음을 전한다.

2023년 5월

천현득

차례

1. 서론: 쿤의 철학 해석하기

토머스 새뮤얼 쿤(Thomas Samuel Kuhn, 1922-1996)은 20세기 후반의 가장 중요하고도 영향력 있는 철학자 가운데 한 명이다. 1962년 '패러다임' 개념을 세상에 알린 『과학혁명의 구조*The Structure of Scientific Revolutions*』(이하 『구조』)가 출판된 이후, 쿤의 철학은 엄청난 찬사와 격렬한 비판의 대상이 되었다.[1] 『구조』는 20세기에 가장 많이 읽힌 철학서 가운데 하나로, 수십 개 언어로 번역되어 전 세계에서 100만 부 이상 판매되었다. 또한 과학철학 분야의 출판물을 대상으로 인용 빈도를 분석한 연구에 따르면, 1900년부터 1970년까지 인용수가 급격히 증가한 경우가 일곱 번 있었는데, 그중 두 번은 『구조』와 관련 있었다.[2] 한 번은 『구조』의

1 이 책에서 『구조』에 대한 인용은 2판(1970)을 기준으로 하며, 편의상 이를 *SSR*로 표기하였다.

초판이 나온 1962년이고, 다른 한 번은 2판이 출판된 1970년이었다(Wray and Bornmann, 2015). 이를 통해 우리는 과학철학 및 인접 영역에서 쿤의 지대한 영향력을 새삼 확인할 수 있다. 과학철학 밖에서 쿤이 미친 영향도 매우 놀랍다. 엘리엇 그린Elliott Green의 보고에 따르면, 쿤의 『구조』는 사회과학 분야를 통틀어 가장 많이 인용된 단행본으로, 심지어는 미셸 푸코의 『감시와 처벌』, 존 롤스의 『정의론』, 칼 마르크스의 『자본론』보다 더 많이 인용된 것으로 나타났다(Green, 2016). 쿤이 과학철학 분야 안팎으로 커다란 영향을 미쳤다는 것은 의심의 여지가 없다.

『구조』가 가진 영향력이 큰 만큼, 국내외에서 쿤의 철학을 다루는 연구들이 적지 않게 발표되었다.[3] 21세기 들어 영미권 철학계에서는 쿤의 철학을 다루는 단행본이 출판되면서 쿤 연구에 새로운 바람을 불어넣고 있다(Bird, 2000; Gattei, 2008; Sharrock and Read, 2002; Wray, 2021). 그렇다면 『구조』가 출판된 지 60년이 지난 오늘날, 쿤의 철학을 다시금 거론하는 것은 어떠한 의미가 있을까?

---

2 이 연구는 과학철학 분야의 주요 학술지인 *Erkenntnis*, *Philosophy of Science*, *British Journal for the Philosophy of Science*, *Studies in History and Philosophy of Science*만을 대상으로 삼았다.

3 2000년대 이후 국내만 살펴보더라도 적지 않은 논문들이 출판되었다(박종식, 2008; 박준호, 2015; 신중섭, 2008; 여영서, 2011; 이상욱, 2004; 이상원, 2013; 이정민, 2012; 천현득, 2013; 홍성욱, 2014). 국내 저자의 연구서 중에서는 조인래(2018)의 연구서가 쿤의 철학적 입장을 둘러싼 논쟁을 우호적 비판자 입장에서 검토한 유일한 단행본이다.

쿤은 마지막 책을 완성하지 못한 채 1996년에 세상을 떠났지만, 4년 후인 2000년에 1970년대부터 1990년대까지 발표된 그의 철학 논문들과 자전적 인터뷰를 엮은 책 『구조 이후의 길*The Road since Structure*』이 출판되면서 여러 연구자가 쿤의 후기 철학에 관심을 가지게 되었다. 쿤에 대한 많은 논의는 여전히 『구조』를 중심으로 이루어지고 있고, 대중에게 친숙하게 알려진 것도 쿤의 전기 철학이다. 쿤에 관한 연구와 저술은 시중에 많이 나와 있지만 『구조』 이후 쿤의 후속 연구에 대한 면밀한 검토는 부족한 편이다. 그러나 『구조』 이후로 발전해 온 그의 성숙한 견해를 고려하지 않는다면, 우리는 쿤 철학의 전모를 파악할 수 없을 것이다. 즉, 과학적 발전에 관한 쿤의 철학적 견해가 전개되어 온 과정을 전기부터 후기까지 추적할 때 비로소 쿤 철학의 전모를 파악할 수 있다. 이 책은 쿤의 철학을 포괄적으로 다룸으로써 우리가 그의 사상을 더 잘 이해하는 데 기여할 수 있을 것이다.

21세기 들어 쿤 연구가 활발히 진행되는 데에는 후속 세대 연구자가 활용할 수 있는 자원이 더 많아진 것에서도 그 이유를 찾을 수 있다. 특히 MIT 도서관의 토머스 쿤 아카이브에 보관되어 있는 26개 상자 분량의 원고와 강의록을 비롯해 쿤이 동료 연구자들과 주고받은 서신 등을 통해 연구자들은 지금껏 간과되어 온 여러 측면을 살피고 쿤에 대해 더 풍부하고 완전한 그림을 그릴 수 있게 되었다(Hoyningen-Huene, 2015; Reisch, 2016; Wray, 2021). 그리고 쿤이 관심을 기울였던 개념 발달과 언어 발달에 대한 인지과학[4]의 경험 연구들은 쿤의 과학 발전 모형을 더 정교하게 만들었다. 쿤은 규칙이 아닌 범례exemplars를 기반으로 하는 패러다임 학습에 관한 자신의 이론을 컴퓨터 모형을 통해 뒷받침하려 했으나, 규칙 기반이던 당시 프로그램을 통해서는 원하는 목표를 달성할 수 없었다. 따라서 그의 개념 학습에 대한 컴퓨터 시뮬레이션 시도는 성공적이지 않았다. 그러나 이후 연결주의와 신경망 방식의 컴퓨터가 발달하고, 모형이나 사례 기반 추론에 관한 심리학적 연구가 축적되었으며, 개념이나 지식 표현에 대한 심리학과 인공지능 분야의 연구도 발전해 왔기 때문에, 이러한 경험적 연구 성과를 바탕으로 쿤이 의도했던 과학 발전 모형을 뒷받침하거나 수정할 수 있는 밑천을 가지게 되었다.

이 책은 쿤의 철학을 해석하려는 하나의 시도로, 쿤의 사상을 철학사의 맥락에 위치시키려는 여러 노력들 가운데 일부를 검토하면서 도대체 그가 어떠한 종류의 철학자인지 혹은 무슨 주의자主義者인지를 드러낼 것이다. 쿤은 자신의 지적 여정을 "철학을 위해 역사로 전향한 물리학자"로 요약하며, 후기에 가서는 자신의 철학적 입장을 후기-다윈주의적 칸트주의post-Darwinian Kantianism의 한 형태라고 표명한다. 그러므로 쿤이 어떠한 철학자이기를 의도했는지 묻는 것은 별 의미가 없다. 그는 자신이 칸트주의의 진화론적 변형을 의도했고 그것을 발전시키고자 했다고 명시했기 때문이다. 그러나 과학적 발전에 관한 쿤적인 모형

---

4 이 책에서 '인지과학'은 인지심리학, 발달심리학, 인공지능 등을 포괄적으로 지칭하는 말이다.

이 어떻게 해석될 때 가장 타당한 것으로 받아들여질 수 있는지 질문함으로써, 우리는 여전히 쿤이 어떠한 철학자인지를 물을 수 있다.

쿤 자신이 무엇을 의도했든지 간에, 쿤의 과학 사상에 대해 제기되고 있는 해석들은 그의 철학적 작업에서 가장 참신하고 통찰력 있는 기여가 무엇이며, 그러한 통찰을 어떻게 정교하게 만들 수 있는지를 둘러싸고 서로 상이한 의견을 제시하고 있다. 그러니 쿤에 대한 해석은 사실상 쿤의 사상에 대한 재해석이자 재구성이다. 이 책에서도 그러한 재구성을 시도하면서 과학철학 분야에서 쿤의 변혁은 무엇을 성취했고 또 무엇을 미완의 과제로 남겼는지 밝히고, 남겨진 과제를 쿤적인 방식으로 혹은 쿤이 지금 우리와 같은 자원을 갖추었다면 시도했을 법한 방식으로 해결하려는 시도들을 소개할 것이다.

쿤이 어떠한 철학자인지 묻는 또 다른 방식은 쿤의 철학이 형성되는 과정을 관찰함으로써 그가 속한 철학적 계보를 추적하는 것이다. 특히 물리학자로 훈련받은 역사학자가 과학에 대한 특정한 철학적 관점을 가지게 된 과정을 되짚어 보는 일은 매우 흥미로운 작업이 될 것이다. 쿤이 스탠리 카벨Stanley Cavell 등을 통해 비트겐슈타인에게 어떠한 영향을 받았는지, 『구조』의 서문에서 언급한 루드비히 플렉Ludwik Fleck의 『과학적 사실의 출현과 발전*Genesis and Development of Scientific Facts*』에서 받은 영향은 정확히 무엇이었는지, 그를 과학사로 안내한 제임스 코넌트James Conant 총장의 과학관과 장 피아제Jean Piaget 등의 심리학자들로부터 받은 영향은 무엇인지, 쿤이 칸트 철학의 영향을 언제부터 받았는지 등은 별도로 진지한 검토가 필요하다.[5] 그러나 우리는 이러한 물음들을 다루지 않을 것이다. 이 책에서 "쿤은 어떠한 철학자인가?"라는 물음은 "쿤은 어떠한 철학자로서 재해석되어야 하는가?"라는 물음과 다르지 않다. 나는 쿤의 과학 발달 모형을 어떠한 관점에서 재구성하는 것이 쿤의 통찰을 보존하면서도 체계적일 수 있는지를 살펴보면서, 쿤에 대한 역사적 충실성과 재구성된 이론의 체계성과 생산성을 바탕으로 그의 철학을 특징지으려 한다.

쿤의 철학적 작업을 해석하는 일이 어렵고, 그래서 사실상 재구성이 필요한 데에는 여러 가지 이유가 있다. 첫째는 쿤의 저술이 명료하지 않아 때때로 오해를 불러일으키기 때문이다. 여기에는 자신의 주장과 논증을 분명한 형태로 제시하지 못한 쿤 자신에게도 일부 책임이 있다. 예를 들어, 그는 『구조』에서 상이한 패러다임 간의 선택이 논리와 경험에 의해 강제될 수 없다는 점을 강조하면서 이를 개종 경험에 비유하는데, 쿤은 그러한 비유가 가지는 함의를 충분히 파악하지 못한 것으로 보인다. 개종 경험은 합리적인 비교와 선택에 반하거나 그것을 초월한 것인 반면,

5 쿤에게 비트겐슈타인을 소개했다고 알려진 카벨과 쿤이 주고받은 상호작용을 보기 위해서는 Kindi(2010)를, 쿤이 코넌트의 과학관으로부터 받은 영향에 관해서는 Wray(2016)를 참고할 수 있다. 쿤이 플렉으로부터 받은 영향 및 유사성과 차이에 관해서는 Babich(2003), Mößner(2011)를 참고할 수 있다.

쿤은 패러다임 선택을 (좁은 의미의 논리적 선택이 아닐지라도) 분명히 합리적인 것으로 보았으며, 자신이 비합리주의자가 아님을 강변해 왔기 때문이다. 오해의 또 다른 원천은 철학사에서 쿤이 차지하는 독특한 위치다. 그의 경력을 볼 때, 철학계에서 쿤은 사상적 이단아였다. 그는 물리학으로 박사학위를 받은 뒤 과학사를 전문적으로 연구했지만, 철학 훈련은 공식적으로 받지 않았다. 따라서 외부에서 철학계로 수혈된 경우에 속했다. 철학서의 독자들은 특정한 철학적 전통을 염두에 두고 저술을 읽기 마련이다. 그래서 자신들의 관점에서 쿤을 독해하려 했던 독자들이 쿤의 주장을 일관되게 읽어 내기란 쉽지 않았다. 쿤에 대한 해석을 어렵게 하는 또 하나의 이유는 쿤이 『구조』 이후 제기된 여러 철학자들의 비판에 대응하면서 패러다임이나 공약불가능성 같은 핵심 개념을 수정하고 발전시켰으며, 그 과정에서 소위 '언어적 전회linguistic turn'를 감행했기 때문이다. '언어적 전회'에 대한 통상적인 해석에 의하면 쿤의 전기 저술에서 주로 역사적인 사례 연구나 심리학의 연구 결과를 활용하는 자연주의적 논증에 의존했다면, 후기에는 비트겐슈타인에게 영향을 받아 선험적이고 언어철학적인 논증에 의존했다. 따라서 과학철학 분야에서 쿤의 기여를 체계적이고 일관적으로 재구성하는 일은 상당히 까다로울 수밖에 없다.

나는 쿤의 과학 사상이 발전해 가는 과정을 추적함으로써 쿤 철학의 전모를 드러내려는 목적을 가지고 서로 연관되어 있는 두 논쟁에 개입할 것이다. 하나는 쿤의 사상적 궤적의 내적인 문제로, 쿤의 전기 사상과 후기 사상 사이의 연속성과 관련된 쟁점이다. 이것과 관련해서 우리는 소위 '언어적 전회'란 무엇이었고, 그것이 쿤의 사상적 발전 과정에서 어떠한 단절을 만들어 냈는지 살펴볼 것이다. 다른 하나는 쿤을 철학사의 맥락에 위치시키면서 그가 어떠한 주의자인지 정체성을 명확히 하는 것이다. 쿤 연구자들은 쿤을 칸트주의자, 비트겐슈타인주의자, 논리실증주의의 후계자, 자연주의자 등으로 해석하고 있다. 한 사상적 이단아를 철학사의 맥락에 위치시키는 것은 그의 주된 통찰이 무엇인지 답하는 것과 분리해서 생각할 수 없다. 쿤을 칸트주의자로 해석하는 사람과 자연주의자로 해석하는 사람은 쿤의 가장 중요한 기여가 무엇인지에 관해 의견을 달리할 것이기 때문이다. 이 책에서 나는 '언어적 전회'에 대한 잘못된 견해를 바로잡는 한편, 쿤의 지적인 이력은 전반적으로 보아 자연주의로 특징지어질 수 있음을 보일 것이다.

이 책은 다음과 같은 순서로 진행된다. 2장에서는 『구조』로 대표되는 쿤의 전기 철학을 다룬다. 자신의 이름을 세상에 알린 이 책에서 쿤이 어떠한 주장들을 전개했는지, 그의 핵심 개념들인 패러다임과 정상과학, 위기, 과학혁명, 공약불가능성 등을 중심으로 살펴보고, 쿤이 일으킨 혁신의 성격에 관해 논의한다. 이 장은 쿤의 사상적 발전 과정과 그에 대한 재구성을 논의하는 토대의 역할을 할 것이다.

3장에서는 『구조』 출판 이후 제기된 여러 철학적 문제에 대해 대응하면서 자신의 입장을 정교화하고 발전시키는 과정에서 쿤이 감행했던 소위 '언어적 전회'를 다룬다. 여기에서는 언어적 전회의 내용과 동기를 살펴보고, 특히 이러한 쿤의 전회가 잘못된 것이었다는 철학자 알렉산더 버드Alexander Bird의 진단을 비판적으로 검토함으로써, 언어적 전회에 대한 오해를 바로잡고자 한다. 언어적 전회는 패러다임에 관한 논의를 언어에 관한 논의(번역, 의미, 어휘집 등)로 대체한 변화를 넘어서, 과학혁명과 공약불가능성에 대한 재정의를 포함한다. 그러나 버드를 비롯한 일부 철학자들이 언어적 전회가 반자연주의로의 전향을 함의하는 것으로 해석하는 것에 반해, 이 책에서는 그러한 해석이 잘못되었으며, 쿤의 자연주의는 여전히 지속되고 있음을 보일 것이다.

4장에서는 언어적 전회에도 불구하고 쿤의 철학적 발전 경로는 연속적이며, 자연주의는 그의 후기 철학에도 유지됨을 보일 것이다. 쿤은 개념 이론에 의존한 자연주의자로서, 자신이 해명하려고 했던 패러다임이나 공약불가능성을 개념 이론을 통해서 재해석하고 재정의했다. 『구조』에서 '패러다임'이라는 용어가 여러 의미로 사용되었다는 비판에 대응해, 쿤은 범례로서의 패러다임 개념을 정교하게 만들고자 했고, 이 과정에서 비트겐슈타인의 가족유사성 이론에 의존하게 된다. 공약불가능성을 해명하는 과정에서 쿤은 공약불가능성을 분류 구조의 변동으로 인한 국소적 번역불가능성으로 재정의하는데, 이 장에서는 이 역시 유사성과 차이 관계에 기초한 개념 이론에 의존함을 보일 것이다.

5장에서는 자연주의적 관점에서 쿤의 통찰을 더욱 발전시킬 수 있는 몇 가지 방법을 비교 검토한다. 패러다임을 인지과학

방법으로 재해석함으로써 쿤의 통찰을 발전시킬 수 있다는 버드의 제안, 심리학자 로렌스 바살루Lawrence Barsalou의 프레임 모형을 통해 과학적 변화에 관한 쿤의 통찰을 발전시킬 수 있다는 안데르센H. Andersen 등의 제안, 그리고 개념의 이질성에 주목하여 쿤의 통찰을 발전시키는 견해 등을 살펴봄으로써 쿤에 대한 자연주의적 해석이 지닌 생산성을 드러낼 것이다.

6장에서는 쿤에 관한 가장 영향력 있는 해석인 호이닝겐-후에네P. Hoyningen-Huene의 칸트주의 해석과 이를 제안하게 된 가장 주요한 동기인 세계 변화 논제를 검토한다. 쿤에 대한 칸트적 해석은 우리에게 알려질 수 없는 세계 자체와 현상 세계를 구분할 뿐 아니라, 칸트와는 달리 현상 세계의 다수성을 주장한다. 패러다임이 변화할 때 세계 자체는 아니지만 현상 세계가 변한다고 진술함으로써, 우리는 쿤의 세계 변화 논제를 정합적으로 이해할 수 있다. 그러나 관찰의 이론적재성과 관련된 연구들에 비추어 현상 세계의 다수성 논제는 과학자들의 지각적 변화에 대해 체계적이고 일반적으로 설명하지 못한다는 점을 보일 것이다.

7장에서는 과학혁명에 대한 쿤의 통찰을 더욱 발전시켜 과학혁명이 일종의 존재론적 전환임을 주장한다. 후기에 쿤은 과학혁명을 패러다임 전환이 아니라 분류학적 전환으로 재정의한다. 하지만 존재론적 범주를 가로지르는 개념적 변화에 관한 여러 경험적 연구에 비추어, 이 장에서는 과학혁명은 분류학적 전환보다 더 일반적인 존재론적 전환으로 설명될 수 있음을 주장할 것이다.

2. 쿤의 전기 철학

쿤이 과학철학에 미친 영향을 논의하는 데에 그의 대표적 저서 『구조』의 내용을 살피는 일은 필수적이다. 뒤에서 『구조』 이후 쿤의 이론이 수정되고 정교화되는 과정을 살펴보겠지만, 쿤의 철학을 검토하는 출발점은 철학자로서 그의 이름을 세상에 알린 『구조』일 수밖에 없다. 따라서 이 장에서는 『구조』의 등장 배경과 그 핵심 내용을 살펴봄으로써 쿤의 전기 철학을 개괄한다.

『구조』의 출판은 무엇보다 과학에 관한 새로운 접근을 시도했다는 점에서 과학철학의 변혁에 기여했다. 『구조』의 가장 중요한 특징은 과학철학에 대한 역사적 접근에서 찾을 수 있다. 상대성이론과 같은 완성된 과학이론의 내용을 논리적·형식적으로 분석하려 했던 논리실증주의자들이나 칼 포퍼Karl Popper와 달리, 쿤은 연구 활동을 직접 수행하는 과학자들의 실천과 그 역사에 관심을 가졌다. 쿤에게 과학은 하나의 역사적 활동이었고, 과학에 대한 철학에서 역사는 핵심적인 역할을 차지한다. 쿤은 과학의 역사에 관한 탐구로부터 과학에 대한 새로운 철학적 관점을 제시하고자 했던 것이다.

> 만일 역사가 일화나 연대기 이상의 것들로 채워진 보고라고 간주된다면, 역사는 우리가 지금 사로잡혀 있는 과학의 이미지에 결정적인 변형을 일으킬 수 있을 것이다. (…) 이 책이 겨냥하는 것은 연구 활동 자체의 역사적인 기록으로부터 드러날 수 있는 전혀 새로운 과학의 개념을 스케치하는 것이다.(*SSR*, 1)

쿤에게 역사는 철학적 탐구의 주제이자 방법이었다. 쿤의 입장에서 과학이란 무엇인가에 대해 답하려면 과학이 발달해 온 역사를 들여다보아야 했고, 과학에 대한 철학적 이론은 역사적 탐구를 통해 얻은 통찰을 수용할 수 있어야 했다. 그런데 역사가 그러한 역할을 수행할 수 있으려면 잘못된 역사관에서 벗어나야 한다. 무엇보다 쿤이 비판한 대상은 휘그적 역사Whig history였다. 휘그적 역사 서술에 따르면, 현재 틀린 것으로 판명된 과거의 과학 이론들은 허황된 미신이나 잘못된 종교적 신념과 다를 바 없고, 다만 몇몇 맞는 이야기들을 포함할 뿐이다. 그것은 우리가 현재 참이라고 믿는 것을 기준으로 과거의 역사들을 판단한다. 고대 그리스 철학자 아리스토텔레스는 많은 자연학 저술을 남겼지만, 현재의 관점에서 보면 엉터리 지식들로 가득하다. 그렇다면 아리스토텔레스가 갈릴레오와 같은 근대 과학자들보다 지적인 역량이 부족해서였을까? 근대 천문학의 핵심 인물인 요하네스 케플러Johannes Kepler의 저작에도 현재 기준으로 보면 올바른 부분과 잘못된 부분이 공존한다. 그러나 그것이 그의 저작 속에서 매끄럽게 연결되어 있다는 것은 어떻게 이해할 수 있을까? 쿤이 채택한 '새로운' 역사 서술에 따르면, 역사는 현재의 관점에서 과거 이론들이 어떤 점에서 옳았고 어떤 부분이 틀렸는지를 찾아내는 것이 아니라, 당대 관점에서 그 이론의 온전한 모습을 보여 주어야 한다. 모든 텍스트는 특정한 맥락context에서 작성되고 유통된다. 그러니 과거 이론들이 우리와는 다른 목적과 가정에서 쓰였음을 인정하는 데에서 출발해야 한다. 즉, 과학사의 여러 이론은 서로 다른 존재론적·인식론적 가정 위에서 확립되었고, 동일한 단어라도 오늘날과 다른 의미로 사용될 수 있다.

새로운 역사 서술에 입각할 때 드러나는 '새로운' 과학의 이미지는 무엇인가? 과학 교과서들은 지식이 누적되는 형태로 과학이 진보한다고 묘사한다. 그러나 역사에 비추어 볼 때, 과학의 발전 과정에는 단절적인 형태의 혁명이 편재한다. 이는 쿤의 책 제목인 '과학혁명의 구조'에서 잘 드러난다. 이 제목은 과학에 혁명적인 계기들이 많다는 것과 그것들이 하나의 구조를 공유한다는 점을 시사한다. 쿤은 성숙한 과학은 정상과학과 과학혁명을 반복하면서 발전한다고 주장한다. 즉, 쿤은 '과학혁명의 철학자'인 동시에 '정상과학의 철학자'이기도 하다. 정상과학은 과학자들이 하나의 연구 전통을 형성하고 그것에 헌신하며 상당 기간 동안 그것을 유지하는 것을 뜻한다. 정상과학 전통이 성립하지 않는다면 과학혁명도 없다. 그리고 하나의 연구 전통을 형성하고 유지하는 것은 과학공동체다. 즉, 과학 활동의 주체는 어떤 영웅적인 과학자 개인이 아니라 과학자 사회라는 것이다. 과학자들이 하나의 연구 전통을 확립하고 정상과학 활동을 할 수 있는 것은 그들이 패러다임을 공유하기 때문이다.

패러다임과 정상과학

패러다임

패러다임의 기본 착상은 쿤의 「본질적 긴장The Essential Tension」(1959)이라는 논문에서 나타난다. 쿤은 과학교육에 대한 한 학회에서 이 논문을 발표했는데, 여기에서는 수렴적 사고와 발산적 사고의 대비가 중요하게 사용된다. 우리는 과학의 연구와 교육이 창의성을 촉진하는 발산적 사고에 강조점을 두어야 한다고 생각하기 쉽다. 그러나 쿤은 발산적 사고를 지나치게 장려하는 과학교육 정책을 경계하면서 적어도 자연과학을 교육하는 데에는 수렴적 사고의 역할이 필수적이라고 주장했다. 고전이나 선집을 비판적으로 읽어 나가는 인문학 분야와 달리, 과학 분야의 교육은 교과서에 거의 전적으로 의존하며 자유로운 발산적 사고보다는 수렴적 사고를 엄격히 훈련시킨다. 쿤에 따르면, 이것은 해로운 것도 개탄스러운 일도 아니며, 오히려 과학의 본성에 기인하는 것이다. 학생이 과학자로 훈련받고 연구공동체의 일원이 되는 과정은 이미 확립되어 있는 하나의 전통에 입문하는 것과 같은데, 이는 자유롭고 유연한 사고만으로 충분하지 않기 때문이다.

수렴적 사고에 대한 쿤의 강조는 어떻게 패러다임과 연관되는가? 쿤이 보기에 혁명적 연구는 매우 드물며, 대부분의 과학 활동은 합의에 기초한 매우 수렴적인 연구 활동, 즉 정상 연구normal research이다. 과학자들은 사실상 동일하거나 유사한 교과서로 훈련받기 때문에 합의에 기초를 둘 수 있다. 과학 교과서들은 주제와 내용이 다양하지만, 쿤에 따르면 다음과 같이 중요한 측면들을 공유한다. "교과서는 그 전문가 집단이 패러다임으로 인정하는 구체적인 문제 풀이들을 보여 주며, 학생들에게 (…) 방법과 내용 면에서 그것들과 매우 흡사한 문제들을 스스로 풀도록 한다"(Kuhn, 1959/1977: 229). 즉, 교과서의 구체적인 예제와 문제 풀이를 통해 학생들은 과학적 개념과 이론을 습득하고 앞서 풀었던 문제들과의 유사성을 발견함으로써 새로운 문제를 해결한다. 단순히 추상적인 규칙이나 원리, 정의를 통해 과학 학습이 이루어지지 않는다는 이러한 통찰을 쿤은 『구조』를 내놓기 전부터 이미 가지고 있었던 것으로 보인다.

패러다임 개념을 명시적으로 도입한 계기에 대해서 쿤은 『구조』의 서문에서 밝히고 있다. 1958-1959년 동안 그가 스탠퍼드대학의 행동과학고등연구소에 머물면서 집필에 전념하고 있을 때, 그는 자연과학자들과 사회과학자들 사이의 흥미로운 차이점을 목격한다. 그 차이점이란 사회과학자들은 무엇이 적법한 문제인지, 어떤 방법으로 그러한 문제에 접근할 것인지에 대해 공공연한 불일치를 보인다는 점이다. 물론 자연과학자들도 의견 차이를 드러내지만, 문제의 본성과 접근법에서 차이를 드러내는 경우는 많지 않고 비교적 신속하게 합의에 도달한다. 쿤은 패러다임 개념을 통해 두 학문 사이의 차이점을 포착하려 했다. “일정 기간 동안 전문가 공동체에 모형 문제와 해결책을 제공해 주는, 보편적으로 인정된 과학적 성취”(*SSR*, x)로 정의된 패러다임은 이렇게 사회과학과 구별되는 자연과학의 본질적 특징을 포착하기 위한 개념이다. 패러다임은 하나의 연구공동체가 공유하는 것이며, 전문가들 사이에는 이를 공유함으로써 매끄럽게 의사소통하고, 의견 일치에 어렵지 않게 도달할 수 있다(*SSR*, 10). 요컨대, 패러다임은 자연과학의 본성을 드러냄과 동시에 전문가들 사이의 원활한 의견 일치를 설명하기 위해 도입된 개념적 장치다.

쿤은 한 연구공동체가 패러다임을 공유한 채 심화된 연구에 매진하는 단계를 ‘패러다임기’로 부르며, 이 단계로 이행하는 것을 학문 성숙의 지표로 간주한다. 반대로 말하자면, 패러다임을 공유하지 못하고 경쟁 학파들이 난립하는 경우를 쿤은 성숙하지 못한 상태의 학문으로 본다. 사실 자연과학 가운데 상당수는 사회과학과 같은 상태에서 출발했다. 연구자들이 근본적인 사항들에 동의하지 못했기 때문에, 그들은 저마다 자신의 방식으로 과학을 건설해야 했다. 과학자들은 어떠한 문제를 어떤 방식으로 접근해야 하는지 저마다 다른 입장을 가졌기에, 다른 이들의 견해를 거부하고 다른 방식으로 문제에 접근하곤 했다. 즉, 학문의 진보가 더뎌지는 미성숙의 상태였다. 왜냐하면 각 연구자는 자신과 다른 입장에 있는 사람들에게 자신의 연구 활동을 합리화하는 데 많은 노력을 기울여야 했고, 빈번한 의견 불일치로 인해 연구에 매진할 수 없었기 때문이다.

이와 같이 학문적으로 미성숙한 상태였던 자연과학 분야는 역사의 어느 단계를 거쳐 전-패러다임기에서 패러다임기로 이행했다. 여러 연구자가 하나의 패러다임을 공유하게 되어 동일한 규칙과 표준에 동의하면, 하나의 연구 전통이 확립된다. 천문학 분야는 고대에 이미 하나의 연구 전통을 확립했고, 근대에 들어와서는 역학, 전기학, 화학 등이 패러다임기로 이행했다. 패러다임을 공유함으로써 과학자들은 무엇이 가치 있는 연구 문제이며, 무엇이 좋은 해결책인지 평가하는 기준 등에 관해 합의한다. 그럼으로써 한 분야의 근본적인 사항들에 대해 노골적인 의견 충돌은 잦아들게 된다. 이는 "한 과학 분야가 패러다임과 그것이 허용하는 보다 비전적인esoteric 연구 형태를 획득했다"라는 것을 의미하고(*SSR*, 11), 쿤은 이것을 그 분야의 학문적 성숙의 징조로 여겼다. 또한 이를 더 일반화하여, "하나의 패러다임으로부터 혁명을 거쳐 다른 패러다임으로 이행하는 것이 성숙한 과학의 통상적인 발달 양상"이라고 주장했다(*SSR*, 12).

정상과학

합의된 패러다임에 기초하여 이루어지는 과학자들의 통상적인 연구 활동을 쿤은 '정상과학normal science'이라고 불렀다. 한 분야의 연구자들이 하나의 패러다임에 합의했다면 어떠한 연구가 더 이루어져야 할까? 사실 패러다임의 획득은 전면적인 성공이 아니다. 어떤 과학적 성취가 경쟁하는 학파들 사이의 합의를 이끌어낼 정도로 전대미문의 성공을 거뒀다면, 이는 패러다임으로 자리매김할 수 있다. 그러나 패러다임이 모든 중요한 과학적 문제를 해결하는 것은 아니며, 당대의 시급한 몇 가지 중요한 문제를 해결함으로써 패러다임의 지위를 획득한 것이다. 그러므로 패러다임이 처음 등장할 때에는 문제 해결의 범위와 정확성에서 제한적일 수밖에 없다. 패러다임은 모범적인 문제 풀이를 제시함으로써 새로운 문제를 창출하고, 과학자들에게 도전거리와 미해결 문제를 해결하기 위한 실마리를 제공한다. 그러므로 패러다임이 되었다는 것은 특정 이론의 전면적 성공이 아니라 성공할 가망성을 의미한다. 그리고 이러한 가망성을 실제로 실현하는 과정이 곧 정상과학이다.

가망성을 실현하기 위해 과학자들은 어떠한 활동을 수행하는가? 쿤은 "세 가지 유형의 문제들, 즉 의미 있는 사실의 결정, 사실과 이론의 일치, 이론의 명료화 등은 실험과학과 이론과학 양쪽의 정상과학 문헌을 모두 차지한다"고 본다(*SSR*, 24). 과학자들이 사실을 수집하고, 수집된 사실에 비추어 이론을 시험하거나 평가하고, 이론을 명료화하는 일에 종사한다는 데 모두가 동의할 것이다. 이는 쿤이 넘어서고자 했던 논리실증주의자나 포퍼도 동의할 만한 이야기처럼 보인다. 그러나 오히려 쿤은 이러한 활동을 입증이나 반증 같은 형식적 활동에 반대되는 것으로 해석한다. 첫째, 정상과학자는 이론의 안내 없이 아무 사실이나 마구잡이로 모으는 것이 아니라 '중요한' 사실을 수집한다. 어떤 사실이 중요한지 그 기준과 관점을 제공하는 것이 바로 패러다임이므로 정상과학자는 패러다임이 중요하다고 제시하는 사실들을 취합하는 것이다. 둘째, 정상과학자는 단순한 가정을 도입하거나 수학적으로 근사하는 등의 방법을 통해 이론의 예측을 관찰함으로써 설명하려고 노력한다. 그러나 이론과 사실을 일치시키려는 노력은 이론을 시험하거나 반증하기 위한 것이 아니다. 이론은 정상과학자가 평가해야 할 대상이 아니라 연구 수행에 필요한 일종의 규칙을 제공하는 것이다. 따라서 이러한 노력은 이론의 평가가 아니라, 이론이 적용되는 범위를 확장함으로써 이론의 올바름을 확인하고 넓히는 데 그 목적이 있다. 셋째, 패러다임의 경험적·이론적 정교화 역시 잘못된 이론을 교정하는 것이 아니라 이미 수용된 패러다임의 잠재성을 극한까지 밀고 나아가는 것을 의미한다. 따라서 정상과학의 세 가지 활동은 겉보기에는 기존의 철학자들이나 과학자들이 과학 활동을 특징짓는 방식과 유사해 보이지만, 더 깊이 살펴보면 규칙과 표준을 제공하는 패러다임에 근거한 연구 활동의 성격이 무엇인지를 특색 있게 보여 준다고 할 수 있다.

이러한 활동에서 보듯 정상과학은 새로움을 거의 추구하지 않는다.

> 전반적으로 과학 활동 전체는 종종 유용하다고 증명되며, 새로운 영역을 개척하고 질서를 표출하며, 오랫동안 받아들여진 믿음을 시험한다고 간주된다. 그러나 정상 연구의 문제에 종사하는 개인들은 이런 유형의 활동을 전혀 하지 않는다.(*SSR*, 38)

쿤의 과학철학에는 '혁명'이라는 핵심 개념이 있고 쿤은 『구조』에서 혁명의 편재를 주장하므로, 쿤의 주장에 따르면 과학에 새로움과 혁신이 등장하지 않는다는 것은 말이 되지 않는다. 그러나 다수 과학자가 연구 활동에 종사하는 대부분의 정상과학 기간 동안 단순한 반복에 매달리지는 않지만 근본적인 새로움을 추구하지도 않는데, 정상과학의 이런 특성은 두 가지 문제를 제기한다. 하나는 정상과학이 세계를 이미 주어진 틀에 끼워 맞추는 마무리 작업에 불과하다면 과학자들은 왜 그렇게 열정적이고 헌신적으로 연구 활동에 전념하는지를 설명하는 문제이고, 다른 하나는 그렇게 보수적인 활동으로부터 어떻게 혁명이 일어날 수 있는지를 해명하는 문제다.

과학자들의 열정을 설명하는 과정에서 쿤은 정상과학을 퍼즐 풀이에 비유한다. 낱말 퍼즐이나 그림 퍼즐을 생각해 보자. 퍼즐을 통해 푸는 사람의 솜씨를 시험해 볼 수 있고, 퍼즐을 푸는 사람은 자신의 솜씨를 발휘해 성취감을 맛볼 수 있다. 그런데 왜 쿤은 정상과학이 문제 풀이가 아니라 퍼즐 풀이라고 하는가? 첫째, 문제를 푸는 데에는 정답이 있다는 보장이 없지만, 퍼즐에는 확실한 해답이 존재한다. 아무리 솜씨 좋은 사람이 최선을 다해 풀어도 풀 수 없는 퍼즐은 사실상 퍼즐이 아니다. 쿤은 정상과학에는 반드시 해결책이 있고, 실제로 해결할 수 있는 문제에 집중하기 때문에 빠른 속도로 진보가 일어난다고 본다. 둘째, 퍼즐에는 해답을 얻기 위해 따라야 할 규칙이 존재한다. 퍼즐 조각을 아무렇게나 나열하면 퍼즐을 풀 수 없다. 정상과학에도 무엇이 과학적인 퍼즐 풀이인지를 제약하는 규칙이 존재하며, 그러한 규칙에 따라서 해답에 도달할 때에만 진정한 해결책으로 인정받는다.

그런데 이것이 어떻게 과학자들의 동기를 설명할 수 있는가? 패러다임은 어떤 문제들이 해결 가능한지를 결정하며, 정상과학은 정답이 존재하는, 즉 풀 수 있는 문제에 역량을 집중한다. 그것이 정상과학에서 진보를 이루어 내는 방식이다. 특정 문제에 대한 사회적 중요성이 인정되더라도 퍼즐로 환원될 수 없는 문제들은 배제된다. 정상과학의 연구 활동은 퍼즐 풀이와 같아서, 충분히 재능 있고 얼마간의 노력을 투자하면 해답에 다다를 수 있다는 확신을 과학자들이 가지게 한다. 물론 퍼즐에 해답이 있음을 아는 경우에도 실제로 원하는 결과를 얻는 과정은 간단치 않고, 이 과정에서 새로운 수학적·개념적·도구적 장치들을 만들어 내거나 이미 있는 장치들을 기존과 전혀 다른 방식으로 활용해야 할 수도 있다. 퍼즐 풀이는 과학자들의 성취를 증명하고 능력을 시험할 수 있는 수단이 되므로, 과학자는 정상과학의 이러한 퍼즐 풀이에서 자신의 능력을 선보일 수 있다.

또 다른 문제는 새로운 것을 추구하지 않는 정상과학으로부터 어떻게 혁명이 발생할 수 있는가 하는 것이다. 정상과학은 누적되는 활동으로 보이지만, 전체적으로 보면 근본적인 혁신의 계기들이 있다. 흥미롭게도 쿤은 패러다임하에서 수행하는 연구가 패러다임의 변화를 유도하는 효과적인 방법이라고 주장한다. 이에 관해 살펴보기 전에, 먼저 패러다임 개념이 불명료하다는 비판과 이에 대응하기 위한 쿤의 패러다임 명료화에 관해 간략히 정리하고 가자.

패러다임 개념의 명료화

『구조』에서 드러난 패러다임의 개념은 여러 의미를 지니게 되었고, 이것은 여러 논란을 일으켰다. 폭넓은 의미에서 패러다임은 정상과학 연구의 "개념적·이론적·도구적·방법론적 공약들의 연결망"(*SSR*, 42)을 포함하는 것일 뿐 아니라, "성숙한 과학공동체가 수용하는 방법, 문제 영역, 해결책의 표준"과 "세계 속에 존재하는 것들과 그들의 행동에 관한 이야기"(*SSR*, 103)를 포함하는 개념이다. 패러다임은 구체적인 과학적 성취를 가리키기도 했지만, 동시에 총체적인 과학 활동에 대한 과학공동체의 집단적 공약을 가리키기도 했고, 방법론과 존재론을 포함하는 폭넓은 합의나 과학이론 자체를 말하기도 했다. 철학자 더들리 셰페어Dudley Shapere는 『구조』 출판 직후 이렇게 방만하게 사용되는 개념은 그것이 의도했던 진정한 설명적 가치를 지닐 수 없다고 비판했고(Shapere, 1971), 언어학자 마거릿 매스터맨Margaret Masterman은 『구조』에서 패러다임은 무려 스무 가지 이상의 의미로 사용되었다고 지적했다(Masterman, 1970).[1]

1 사실 쿤은 『구조』 출판 이전에도 유사한 지적을 받았다. 1961년 쿤은 해당 원고의 초고를 제임스 코넌트에게 보냈는데, 이를 본 코넌트는 쿤에게 보내는 서신에서 패러다임이 모든 것을 설명하는 언어적 마술 지팡이(magical verbal wand)로 사용되는 것을 우려한 바 있다(Driver-Linn, 2003).

『구조』에서 패러다임이 차지하는 큰 비중에도 불구하고 쿤은 이 문제를 심각하게 인식하지 않은 것으로 보인다. 『구조』의 초고를 본 코넌트와 파울 파이어아벤트Paul Feyerabend는 상세한 논평을 들려주었지만 쿤은 이런 점들을 크게 수정하지 않은 채 『구조』를 출판했고, 그중 많은 부분이 출판 이후 쟁점이 되었다. 쿤은 나중에서야 사람들의 반응에 놀랐음을 고백하면서 패러다임 개념의 방만한 사용에 상당한 책임이 있음을 인정했다. 어쨌든 출간 당시에는 패러다임 개념의 모호한 사용으로 인해 『구조』에서 제안한 주장들이 여러 가지 방식으로 해석될 수 있음을 예상하지 못했던 것으로 보인다. 쿤은 이후 비판자들의 지적을 수용하여 패러다임 개념에 대한 명료화를 시도한다. 이러한 명료화는 런던 국제과학철학학회에서 발표한 「발견의 논리인가, 탐구의 심리학인가」와 그 후속 논의인 「비판에 답하여」(1970), 『구조』 2판의 「후기-1969」(1970), 그리고 「패러다임에 대한 재고」(1974)를 통해 시도된다. 이것으로 미루어 볼 때, 쿤은 패러다임 개념을 도입하려는 비교적 분명한 동기를 가지고 있었으나 그 개념을 통해 정확히 어떠한 현상을 포착하고자 하는지는 분명하지 않았던 것 같다. 패러다임 개념은 완성형이 아니라 진행형이었고, 이후 일련의 명료화 과정을 통해 분명한 의미를 가지게 되었다.

『구조』의 2판 후기에서 쿤은 과학자 집단의 총체적인 공약으로서 전문분야 행렬disciplinary matrix과 좁은 의미의 패러다임인 범례exemplars를 구분하고, 범례가 자신이 애초에 의도한 패러다임의 개념이라고 밝혔다. 넓은 의미의 패러다임인 전문분야 행렬에는 범례뿐 아니라 기호적 일반화, 모형, 가치 등이 포함된다.

첫 번째 요소인 기호적 일반화는 보편적 진술을 기호나 언어로 표현한 것인데, 이는 "$f=ma$"처럼 방정식으로 표현될 수도 있고, "작용은 반작용과 같다"처럼 언어로 표현될 수도 있다. 그러한 문장들은 자연법칙으로 불린다. 그러나 쿤은 기호적 일반화가 필연적으로 참인 진술이라는 의미에서 자연법칙은 아니며, 정상과학의 퍼즐 풀이를 위한 강력한 수학적 도구를 제공하는 일종의 도식이라고 설명한다. 과학 활동에 기호적 일반화가 필수적인지에 관해서는 의문의 여지가 있지만, 대체로 더 많은 기호적 일반화를 가진 분야가 더 큰 문제 풀이 능력을 가진다고 여겨진다.

두 번째 요소는 모형이다. 쿤에 따르면, 모형이란 이론이나 패러다임의 형이상학적 부분에 해당한다. 모형에는 존재론적 모형과 발견법적 모형이 있으며, 바람직하거나 허용 가능한 유비를 제공함으로써 무엇이 적절한 문제 풀이인지를 결정하는 데 도움을 준다. 예컨대, 데카르트의 물질론은 하나의 존재론적 모형으로 작용하며, 이 모형에서 모든 물체의 움직임은 구성 입자들의 직접적인 충돌에 의해 설명될 때에만 이해될 수 있다.

세 번째 요소는 가치다. 기호적 일반화나 모형이 특정 패러다임을 공유하는 전문가 집단에만 공유되는 것과는 달리, 가치는 모두에게 광범위하게 수용되는 요소다. 특히 정확성, 일관성, 단순성, 적용 범위, 다산성 같은 인식적 가치는 과학자라면 어떤 패러다임에 속하든지 상관없이 받아들일 수 있는 것들이다. 즉, 모든 과학자는 위에서 언급된 인식적 가치에 동의할 수 있다. 다만,

구체적인 맥락에서 가치를 적용하는 것은 일의적이지 않다. 동일한 항목(예: 단순성)을 중요한 가치로 인정하더라도, 각자 훈련된 방식과 개성에 따라서 과학자들은 선택의 순간에 다른 결정을 내릴 수도 있다. 그런데 과학자들의 판단이 규칙 아닌 가치에 기초를 둔다는 주장은 과학적 합리성을 규정하는 과학방법론의 기본 전제를 거부하는 것이다. 과학적 판단이 가치 판단의 특성을 가지는 한, 과학자들은 논리와 경험적 자료만으로 특정한 판단을 내리지 않기 때문이다. 그러나 가치를 공유하는 과학자 집단의 행동은 그렇지 않은 집단의 행동과 달리 어떠한 경향성을 가질 수 있다. 쿤의 통찰이 보여 주는 것처럼, 만일 과학 연구의 주체 혹은 단위가 과학자 개인이 아니라 과학공동체라면, 그리고 만약 합리성의 평가 단위가 과학공동체라면, 가치를 공유하되 조금씩은 다른 판단을 내리는 구성원들의 존재는 단점이 아니라 장점일 수도 있다(조인래, 2017).

끝으로, 범례는 쿤이 본래 의도한 좁은 의미의 패러다임으로, 교과서에 등장하는 예제 혹은 공인된 논문의 해결책 등 과학공동체에게 모범적이고 성공적인 문제 풀이로 인정받는 과학적 성취다. 범례로서의 패러다임 개념에 대한 추가적인 해명은 4장에서 다루어질 것이다.[2]

---

2 쿤은 1969년 이후 전문분야 행렬이라는 용어를 거의 사용하지 않았다(Hoyningen-Huene, 1993: 158-159). 이는 넓은 의미의 패러다임이 가지는 설명적 가치에 대해 쿤 스스로 회의적이었음을 시사한다. 그렇다면 패러다임의 핵심적인 의미는 결국 범례를

위기와 새로운 발견

대부분의 과학 연구가 정상과학으로 이루어지지만, 과학자들이 늘 정상과학 연구만 하는 것은 아니다. 쿤의 과학 발달 모형에서 핵심적인 또 하나의 축은 바로 과학혁명이다. 문제는 어떻게 새로움을 추구하지 않는 누적적인 활동에서 새로운 발견이 가능하고, 혁신을 추구하지 않는 정상과학에서 혁명이 나올 수 있느냐는 것이다.

쿤에 따르면, 새로운 발견은 현재 패러다임에 잘 들어맞지 않는 사례, 즉 변칙 사례 혹은 변칙 현상을 인식하고 그것을 탐구함으로써 시작된다. 이후 변칙 사례에 대한 집중적인 탐구를 통해 변칙적인 것이 예측 가능한 것이 되도록 이론이 조정되면 발견은 종결된다. 새로운 사실을 패러다임으로 동화하는 일은 이론을 단순히 조정하는 것 이상을 요구할 수도 있고, 때로는 자연을 완전히 새롭게 보는 관점이 필요할 수도 있다. 그리고 그럴 때 새로운 발견이 나타난다.

쿤은 뉴룩심리학Newlook Psychology을 주도한 제롬 브루너Jerome Bruner와 레오 포스트만Leo Postman의 연구(1949)에 의존하여 발견 과정에 대한 심리학적 설명을 시도한다. 포스트만과 브루너의 카드 실험에서 실험 참여자들은 짧은 시간 동안 카드들을 보고 그것들이 어떠한 카드인지 말하도록 지시받는다. 처음에 실험 참여자들은 자신들이 생각하는 대로, 혹은 예견되는 것만을 경

통해 해명되는 것으로 이해되어야 한다.

험한다. 그러다가 무엇인가 잘못되었다는 것을 느끼지만 그것이 무엇인지를 정확히 깨닫지 못하다가 시간이 더 지나면 결국 무엇이 문제였는지 깨닫게 된다. 처음에는 빨간색의 스페이드 6을 보고도 무심코 지나쳤지만, 어느 순간 무언가 이상하다는 느낌을 받고 그 카드가 잘못되었음을 깨닫는 것이다. 쿤은 과학적 발견도 이와 같아서, 잘못을 알게 되더라도 개념적 범주의 재조정을 통해 변칙적인 것이 예견되는 과정을 거쳐 비로소 발견이 완성된다고 주장하며, 그렇기에 발견이란 일회적 사건이 아니라 시간적으로 연결된 하나의 과정임을 강조한다. 따라서 "누가 언제 산소를 발견했는가?"와 같은 질문은 잘못 제기된 질문이다.

보수적인 활동으로 보이는 정상과학으로부터 어떻게 혁신이 가능한가에 대해, 쿤은 정상과학이 혁신을 만드는 데 효과적이기 때문이라고 답한다. 첫째, 정상과학자는 세계를 좁은 범위에서 더 상세하고 정밀하게 탐구한다. 따라서 정상과학 상태에서 과학 활동은 고도로 전문화되며, 정교한 장치를 제작하고, 심오한 어휘를 개발하며, 개념적 도구들을 개선하여 그것들이 없었다면 해결 불가능한 심화된 문제에 천착한다. 변칙 사례들은 그러한 배경하에서 날카롭게 나타난다. 패러다임 없이 여러 학파가 경쟁하고 있는 상황이라면, 그래서 근본적인 사항에 관해 의견이 대립하는 경우라면, 작은 오차는 심각한 변칙이 아니라 사소한 잘못으로 치부된다. 그러나 예측을 위한 정교한 이론적·실험적 장치가 갖추어진 경우, 과학자들은 미세한 오차에도 민감하게 반응한다. 예컨대, 뉴턴역학에서 예측되는 빛이 휘는 정도와 아인슈타인 역학에서 예측되는 빛이 휘는 정도는 눈으로 구별할 수 없는 수준이며, 코페르니쿠스 혁명을 전후로 행성의 각도에 관한 예측도 보기에 따라서는 그렇게 큰 오차가 아닐 수 있다. 그러나 좁은 범위를 정밀하게 탐구하는 정상과학자에게 그것은 변칙으로 다가오며, 그렇게 누적된 변칙은 결국 패러다임의 위기를 가져온다.

물론 몇 가지 변칙 사례들이 존재한다고 해서, 곧바로 위기가 찾아오는 것은 아니다. 쿤은 반례 없는 연구는 애당초 없다고 단언한다. 과학자들은 "신념을 잃고 대안을 궁리하지만, 그들을 위기로 이끈 패러다임을 쉽게 단념하지 못한다. 그들은 변칙들을 반례로 간주하지 않는다"(*SSR*, 77). 칼 포퍼에 따르면, 하나의 반례는 가설을 반증하기에 충분하지만, 쿤은 그런 방식의 반증이 비현실적인 이유를 제공한다. 패러다임이라고 하더라도 모든 문제를 해결할 수는 없고, 언제나 변칙 사례들은 많다. 그렇다고 해서 과학자들이 패러다임을 포기하지는 않는다. 대안도 없이 패러다임을 포기하는 것은 곧 과학을 포기하는 것과 같기 때문이다. 과학자들은 안전하게 옮겨 갈 수 있는 대안 패러다임이 있는 경우에만 기존 패러다임을 포기할 수 있다.

변칙에 대한 인식이 오래 지속되고 퍼즐 풀이가 철저히 실패한 것으로 생각되면, 패러다임에 위기가 찾아온다.[3] 위기는 패러다임의 다양한 버전을 증식시키고, 정상적인 퍼즐 풀이의 규칙들

3 코페르니쿠스 혁명에서 위기가 과연 있었는지를 둘러싼 논쟁에 관해서는 정동욱과 정원호의 논문(2020)을 참고할 수 있다.

을 느슨하게 만들어 결국에는 새로운 패러다임이 등장하는 것을 허용한다. 과학자들은 위기에 직면하면 "현존하는 패러다임에 대해 다른 태도를 취하게 되고, 따라서 연구의 성격도 바뀌게 된다. 경쟁하는 이론들의 급격한 정교화, 기꺼이 무엇이든 시도하려는 노력, 명시적인 반대 의사의 표현, 철학에 의존, 그리고 근본적인 것을 둘러싼 논쟁, 이 모든 것이 정상적 연구에서 비정상적 연구로 전환되는 시기에 나타나는 현상들이다"(*SSR*, 90-91). 이러한 위기 상황에서 퍼즐이 기존 패러다임으로 풀릴 수도 있지만, 새로운 패러다임이 그 문제를 해결하여 과학자 사회의 구성원들이 새로운 방식으로 연구하기 시작할 수도 있다. 그것이 바로 과학혁명이다.

과학혁명과 공약불가능성

과학혁명이란 "이전의 패러다임이 그것과 양립불가능한 새로운 패러다임으로, 통째로 혹은 부분적으로 교체되는 단절적인 발전의 에피소드"를 말한다(*SSR*, 92). 즉, 과학혁명은 패러다임의 전환이다. 오래된 우주관이 전복된 코페르니쿠스 혁명, 플로지스톤phlogiston 개념이 교체된 라부아지에의 화학혁명, 다윈의 진화론 혁명, 아인슈타인의 상대성이론 혁명 등이 패러다임 전환의 대표적인 사례들이다. 그런데 이 경우 왜 이론의 '변화'가 아니라 '혁명'이라고 부르는가?

쿤은 이러한 변화가 정치혁명이 혁명인 것과 같은 의미에서 혁명이라고 주장한다. 정치혁명은 그것이 정치 외적, 더 정확히는 제도정치 외적인 사건이기 때문에 혁명적이다. 만일 갈등하는 당파들이 갈등을 조정할 수 있는 제도적 절차를 통해 합의할 수 있다면 혁명은 발생하지 않는다. 당파들 간의 입장 차이를 조정할 수 있는 상위의 기준이 없을 때, 각자는 대중 설득의 기술이나 때로는 폭력에 의존하여 문제 해결을 시도한다. 기존의 제도정치 밖에서 일어난다는 의미에서 그것은 혁명이다. 마찬가지로 과학혁명도 과학 활동의 토대를 제공하던 패러다임 밖에서 벌어지는 과학외적인 사건이기에 단순한 이론의 변화가 아니라 혁명이다. 쿤에 따르면, 패러다임을 선택하는 것은 양립불가능한 공동체적인 삶의 양식 사이의 선택이다. 두 패러다임의 옹호자들 사이에는 공유하는 전제와 가치가 없기 때문에 논리와 경험만으로는 상대를 굴복시킬 수 없다. 오직 설득만이 가능할 뿐이다. 물론 때로는 받아들일 수밖에 없는 설득력 있는 이유를 제시함으로써 상대가 나에게 동의하도록 만들 수도 있지만, 그것은 논리적 강제가 아니라 좋은 이유에 의한 설득이다.

쿤이 과학혁명의 대표적인 사례로 간주하는 상대성이론의 혁명을 간단히 검토해 보자. 우리는 통상 뉴턴역학에서 상대성이론으로의 변화를 '혁명'이라고 이야기하지만, 그러한 변화가 가져온 여파를 '혁명'으로 표현하는 경우가 더 많다. 이는 우리에게 시공간과 우주에 관한 완전히 새로운 인식을 가져다준 것이며, 과학을 넘어 우리의 세계관에 엄청난 영향을 미쳤기 때문이다. 그러나 이론들 간의 관계에만 초점을 맞춘다면, 이 사례는 쿤이 정의하는 혁명적인 단절의 사례보다는 뉴턴역학이 상대성이론으로 환원된 진보의 사례로 생각된다. 환원을 통한 진보를 주장하는 이들에 따르면, 뉴턴역학은 여전히 다양한 분야에서 활용되는 훌륭한 이론일 뿐 아니라, 상대성이론의 특수한 사례로 도출된다는 점에서 뉴턴역학은 틀린 이론도 아니고 상대성이론과 모순되지도 않는다. 그렇다면 이러한 변화는 혁명적일 수 없다. 혁명은 양립할 수 없는 두 이론 사이의 교체 사건을 지칭하기 때문이다.

반면에 쿤은 상대성이론으로의 변화를 환원을 통한 진보의 사례로 보지 않고, 과학혁명에 해당한다고 주장한다. 뉴턴역학과 상대성이론은 양립할 수 없는 이론들이고, 따라서 하나가 다른 하나로 대체되었다는 것이다. 그러나 두 이론 사이에는 연속적으로 보이는 부분이 분명히 있는 것은 아닌가? 쿤은 그것이 눈속임에 불과하다고 주장한다. 상대성이론은 뉴턴이론을 일반화하거나 확장함으로써 얻어진 것이 아니라, 뉴턴이론이 잘못되었음을 인식함으로써 얻어진 것이다. 뉴턴역학의 방정식이 상대론이론에서 수학적으로 도출되는 것처럼 보이지만, 자세히 보면 그것은 사실이 아니다. 움직이는 물체의 속도가 빛의 속도에 비해 매우 느리다는 조건을 덧붙여서 뉴턴역학의 법칙을 도출할 수 있는 것처럼 보일지라도, 그 법칙은 상대성이론이 특수한 경우에 적용된 것이지 뉴턴역학의 법칙이 되는 것은 아니다. 왜 그런가? 첫째, 개념적 변화가 있었음을 지적할 수 있다. 상대성이론의 개념은 뉴턴역학의 개념과 같지 않다. '질량'이라는 용어가 두 이론에서 모두 사용되더라도, 뉴턴역학의 질량은 보존되는 양이지만, 상대성이론의 질량은 에너지와 상호변환 가능한 양이다. 따라서 두 이론에서 질량 개념은 서로 다르다. 둘째, 두 이론은 존재론적으로 다르다. 상대성이론은 단지 뉴턴역학에서 법칙의 형태를 수정한 것이 아니라 우주를 구성하는 근본 요소가 무엇인지에 대한 물음에서부터 의견을 달리한다. 따라서 쿤은 두 이론의 관계에 관해 우리가 하는 착각을 바로잡으려 한다. 뉴턴역학의 법칙은 아인슈타인의 상대성이론에서 도출된 것이 아니다. 다만, 뉴턴역학의 법칙이 어떻게 그렇게 잘 맞는 것처럼 보이는지를 상대성이론이 보여 줄 뿐이다. 왜냐하면 상대성이론의 특수한 사례는 뉴턴역학과 수치적으로 유사하기 때문이다. 쿤은 상대성이론 혁명을 과학혁명의 원형으로 간주한다. 혁명은 다양한 차원의 변화를 동반하지만, 상대성이론 혁명은 거의 전적으로 "개념적 네트워크의 대체"를 통해 이루어졌기 때문이다(*SSR*, 102). 과학자들은 자신들의 개념적 네트워크를 통해 세계를 바라보며, 그것이 변화할 때 혁신이 일어난다. 하지만 이를 위해서는 친숙한 개념들의 의미를 뜯어고쳐야 한다.

상대성이론 혁명의 사례에서 시사하듯, 혁명 전후의 패러다임들은 양립불가능하지 않다. 그것들은 공약불가능하다. 그렇다면 패러다임들이 서로 공약불가능하다는 것은 무슨 의미인가? 공약불가능성에는 세 가지 측면이 있다. 첫 번째는 방법론적 공약불가능성이다. 패러다임은 "어떤 시대에 성숙한 과학공동체가 받아들이고 있는 방법, 문제 분야, 해결책의 표준 등의 근원"이기에(*SSR*, 103), 패러다임이 서로 다르면 어떤 문제를 어떠한 방법으로 해결해야 하는지에 대해 의견을 달리한다. 예컨대, 플로지스톤 패러다임하에서는 왜 금속들이 서로 비슷한지에 관해 모든 금속이 플로지스톤을 함유하기 때문이라고 답하는데, 화학혁명 이후 라부아지에의 패러다임하에서는 그러한 문제 자체가 중요한 문제로 간주되지 않는다. 즉, 패러다임이 변화하면 과학자들이 연구해야 할 중요한 문제들도 달라진다. 두 번째는 의미론적 공약불가능성이다. 혁명이 발생하면 이론에 사용되던 용어들의 의미가 달라지며, 개념의 외연과 내포가 모두 변화할 수 있다. 예를 들어, 프톨레마이오스 체계에서 '행성'은 지구 주위를 회전하는 천체를 뜻하지만, 코페르니쿠스 체계에서는 태양 주위를 회전하는 천체를 뜻한다. 전자는 태양과 달을 포함하지만, 혁명 이후 태양과 달은 더 이상 행성이 아니게 되고 지구는 하나의 행성으로 전락한다. 이러한 의미상의 변화가 공약불가능성의 중요한 측면이며, 이후의 철학적 담론에서는 의미론적 공약불가능성이 가장 중요하게 논의된다. 세 번째는 존재론적 공약불가능성이다. 선후 패러다임은 우주에 무엇이 존재하는지, 그리고 행동이 어색하면 '어떻게 움직이는지'에 관해 서로 다른 이야기를 한다. 예컨대, 열에 관한 칼로릭 이론과 운동이론은 존재론적으로 공약불가능하다. 전자는 열을 '칼로릭'이라는 일종의 입자로 간주하는 반면, 후자는 열이 입자들의 운동에 의존하는 어떤 상태라고 주장하기 때문이다.

공약불가능한 두 패러다임 사이에서 교체가 발생한다면 이는 혁명일 수밖에 없다. 그리고 패러다임 간의 논쟁은 정상과학의 기준으로는 해결이 불가능하다. 정상과학은 문제의 영역과 접근 방법, 해결책의 표준을 제시하지만, 패러다임 간 논쟁은 그런 부분이 불일치한 채로 벌어지는 논쟁이기 때문이다. 의미론적 공약불가능성에 따르면, 두 이론에서 동일한 용어를 사용하더라도 그 용어들의 의미는 다르다. 게다가 어떤 패러다임도 모든 문제를 해결할 수 있는 것은 아니다. 그래서 패러다임을 중요한 문제들의 해결에 집중해 적용하지만, "어떤 문제가 풀 만한 가치가 있는 중요한 문제인가"와 같이 가치 선택의 문제가 개입하게 되면 논리만으로는 논쟁이 해결될 수 없다. 따라서 패러다임 사이의 논쟁은 비교와 판단을 위한 중립적인 수단이 결여되어 있기 때문에 패러다임 밖의 기준에 의존할 수밖에 없다. 바로 그런 의미에서 그것은 혁명이다.[4]

쿤은 대립하는 패러다임 사이의 공약불가능성을 해명함으로써 패러다임의 교체가 어떻게 혁명적인 의미를 가지는지를 밝혔다. 이제 남은 물음은 발생한 혁명이 어떻게 종결되는지, 그리고 혁명을 통해 과학이 더 발달했다고 볼 수 있는지 하는 것이다. 사실 쿤은 혁명의 종결과 관련해 급진적 비유를 사용함으로써 논란을 자초하기도 했다. 쿤은 과학혁명은 경쟁하는 패러다임 사이의 이행이며, 이는 "공약불가능한 것들 사이의 전환이기 때문에, 논리나 중립적 경험에 의해 단계적으로 이루어질 수 없다. 형태 전환처럼, 그것은 단번에 (반드시 순간적인 것은 아닐지라도) 일어나거나 아니면 전혀 일어나지 않는다"고 주장했고, 더 나아가 "한 패러다임에서 다른 패러다임으로의 이행은 강제될 수 없는 개종 경

4 쿤은 패러다임이 변화할 때 과학뿐 아니라 세계도 변화한다고 주장한다. 이른바 세계 변화 논제인데, 이 논제를 어떻게 정합적으로 이해할 수 있는지에 관해서는 6장에서 논의한다.

험"이라고 말했다(*SSR*, 150-151). 그러나 나중에 쿤도 인정하게 되듯, 형태 전환이나 개종 경험 같은 비유들은 독자들에게 비합리주의 또는 상대주의라는 느낌을 주기도 했다.

쿤이 개종 경험의 비유를 통해 말하고자 했던 바는 패러다임 사이의 선택이 논리와 경험에 의해 강제될 수 없다는 것이었다. 이는 사실 패러다임의 공약불가능성의 함의를 되풀이한 것에 지나지 않는다. '개종'의 비유는 상대와 대화하고 상대를 설득할 수 있는 아무런 방법이 없음을 시사하는 것처럼 보이지만 이는 쿤의 진의와 다르다. 논리와 자료를 통해 상대를 굴복시킬 수 없다는 것이 상대를 설득하기 위한 근거와 논변이 없음을 뜻하는 것은 아니다. 한 패러다임의 종사자는 문제 풀이 능력에 대한 상대적인 비교를 통해, 즉 자신의 패러다임이 상대의 패러다임보다 더 나은 문제 풀이 능력을 보인다는 점을 통해 상대를 설득하려 할 수 있다. 상대를 설득하기 위해 한 패러다임이 제공하는 설명이 더 근사하거나 더 단순하거나 더 적절하다는 것을 호소할 수도 있다. 또는 자신의 패러다임이 가진 미래의 가망성을 주장할 수도 있다. 한 과학공동체의 모든 이를 굴복시킬 수 있는 하나의 논리와 경험은 없을지라도, 하나의 논거는 일군의 사람들에게, 또 다른 논거는 다른 사람들에게 효과적일 수도 있다. 그리고 그렇게 여러 논거에 의해 다수의 사람이 설득된다면 혁명은 종결된다.

물론 '개종'은 빈번하게 일어나지 않는다. 개종자는 매우 적고, 많은 과학자는 변화에 저항한다. 코페르니쿠스는 소수의 추종자를 설득하는 데 성공했을 뿐이고, 조지프 프리스틀리Joseph

Priestley는 산소이론을 결코 받아들이지 않았다. 과학자들의 저항은 그들이 고집 세고 스스로의 잘못을 인정할 줄 모르기 때문이 아니다. 쿤은 오히려 그러한 저항을 과학적 기준의 위반이 아니라 과학적 연구의 성격을 잘 보여 주는 것으로 이해한다. 정상과학자는 애당초 자신의 연구를 가능하게 해 주었던 패러다임을 쉽게 포기하지 않기 때문이다. 만일 연구자에게 모든 문제가 자신이 딛고 있는 패러다임에 의해 해결될 것이라는 확신이 없었다면 그는 정상과학하에서 퍼즐 풀이 활동에 전념하지 못했을 것이다. 그러므로 저항하는 과학자를 비합리적이라고 몰아세울 필요는 없다. 실제로 혁명이 종결되는 방식은 '플랑크 원리'에 있다. 이는 일종의 세대 교체의 원리로, 저명한 물리학자 막스 플랑크Max Planck가 과학적 변화에 관해 다음과 같이 언급한 데에서 기인한다. "새로운 과학적 진리는 반대자들을 설득하고 그들이 빛을 보게 만듦으로써 승리하는 것이 아니라, 반대자들이 죽고 새로운 진리에 친숙한 새로운 세대가 성장함으로써 승리하는 것이다."[5]

좋은 이유에 의해 설득이 되든지 아니면 세대 교체가 일어나든지 간에, 연구공동체가 집단적으로 패러다임을 전환하면 혁명은 종결된다. 그리고 이러한 혁명을 통해 과학은 진보한다. 그런데 한 패러다임이 개념적으로, 방법론적으로, 존재론적으로 공약

5 Max Planck, *Scientific Autobiography and Other Papers* (New York: Philosophical Library, 1949), translated by F. Gaynor, pp. 33-34; *SSR*, p. 151에서 재인용.

불가능한 다른 패러다임으로 교체되는 것인데 어떻게 과학이 진보한다고 볼 수 있을까? 만일 그러한 변화가 세계관이 뒤바뀐 것에 비견된다면, 어떻게 우리는 상대성이론 패러다임에 종사하는 연구자들이 뉴턴역학 패러다임에 종사했던 연구자들보다 더 많이 안다고 볼 수 있을까? 이는 쿤의 『구조』를 읽은 많은 사람이 가진 물음이었고, 그래서 쿤은 진보를 반대하는 상대주의자로 인식되었다. 하지만 쿤은 혁명을 통해서도 진보가 일어난다고 주장한다. 과학의 진보는 두 가지 유형으로 분류된다. 하나는 정상과학 시기에 일어나는 진보다. 정상과학 연구는 합의된 전제 위에서 세밀한 문제를 해결하는 것에 집중하므로 진보가 빠르게 일어나며, 그래서 쿤은 정상과학을 '효율적인 문제 해결 장치'로 간주한다. 문제는 합의된 전제가 무너진 상황에서 어떻게 진보가 일어나는지에 대한 것이다.

또한 쿤은 혁명에서 승리한 쪽으로의 변화가 곧 진보라고 주장한다. 이는 과학자 집단의 고유한 특성 때문이다. 과학자란 자연을 이해하려는 관심을 가진 자이고, 연구 활동을 통해 해결되는 문제의 수를 늘리고 정확도를 증진하려고 한다. 만일 어떤 이가 자연을 이해하는 것에 관심이 없고, 해결되는 문제의 수를 늘리거나 문제를 더 정확하게 해결하는 것에 관심을 기울이지 않는다면, 그는 과학자가 아니다. 과학공동체는 문제 해결의 효율성을 극대화하는 장치다. 따라서 과학공동체가 공유하는 집단적인 패러다임은 그런 과정의 일환이며, 바로 그러한 의미에서 진보일 수밖에 없다.

물론 쿤이 패러다임 전환을 통해 우리가 점점 더 진리에 가까이 간다고 주장하는 것은 아니다. 그러므로 쿤의 진보는 진리를 향해 접근하는 전통적인 의미의 진보와 같을 수 없다. 쿤이 진리 수렴성에 회의적인 이유는 두 가지인데, 첫째, 과학자 사회에는 집단적인 의사 결정보다 더 상위의 평가 기준은 없기 때문이고, 둘째, 과학 활동과 그 발달 과정을 설명하는 데에는 진리와 같은 고정된 목표가 반드시 필요하기 때문이다. 쿤은 여기에서 생물 진화의 유비를 들여온다. 생명체의 진화 과정을 보면 그들은 환경에 더 잘 적응하도록 진화할 뿐, 고정된 목표를 향해 진화한다고 가정할 필요는 없다. 다윈 혁명의 의미는 생물 진화가 목적론적 과정이 아님을 보인 데 있다. 그렇다면 과학의 진화도 진리라는 고정점을 향하는 활동으로 이해될 필요는 없을 것이다.

미완의 혁명

쿤의 역사적 접근은 과학 지식을 논리적·형식적으로 분석하던 과학철학계에 커다란 충격을 주었다. 쿤 이후의 과학철학은 전과 동일할 수 없었다. 물론 과학철학의 역사적 전회는 쿤 혼자서만 이루어 낸 것은 아니었다. 쿤 이전에도 노우드 러셀 핸슨Norwood Russell Hanson, 스티븐 툴민Stephen Toulmin, 파이어아벤트 등 과학철학이 과학의 현실과 그 역사에 더 주의를 기울여야 한다고 생각한 철학자들이 있었다. 하지만 그 가운데에서도 쿤의 역할은 지대했다. 『구조』 이후 많은 철학자는 과학을 공동체 단위의 활동으로 규정하면서, 과학의 발달 과정에 대한 체계적인 이론을 고민했다. 임레 라카토슈Imre Lakatos와 래리 라우든Larry Laudan 등은 쿤의 비합리주의를 강력하게 비판했고, 연구 프로그램의 방법론과 연구 전통의 방법론이라는 상이한 대안을 제시했지만 역사주의의 정신은 공유했다. 그리고 이후의 과학철학자들에게는 과학의 역사와 실제 활동에 세심한 주의를 기울여야 한다는 것이 상식이 되었다.

그런데 쿤이 과학철학에 일으킨 변혁은 그가 정의한 혁명적 변화는 아니었다. 즉, 쿤의 혁명은 쿤적인 혁명이 아니었다. 첫째, 쿤이 과학철학에 미친 영향이 혁명적이라고 볼 수는 있겠으나, 그것은 정상과학, 위기, 패러다임 교체라는 패턴에 잘 들어맞지 않는다. 쿤적 의미에서 혁명은 한 과학공동체가 배타적으로 받아들이고 있는 패러다임이나 이론의 교체를 말한다. 그러나 과학철학 공동체가 그와 유사한 의미에서 패러다임의 전환을 경험한 것은 아니다. 역사적 전환 이후, 과학철학자 모두가 쿤주의자가 된 것은 아니었고, 과학철학의 주류적인 연구 방식을 교체했다고 보기도 어렵다. 아마도 현대 과학철학의 주류 입장은 쿤이 반대하는 형태의 실재론일 것이다. 게다가, 쿤은 학파를 만들기는커녕 자신의 지도로 박사학위를 받은 철학자를 배출하지도 못했다.[6] 둘째, 쿤적 혁명은 내부로부터 위기가 점증되면서 종국에 패러다임이 교체되는 내부로부터의 혁명이다. 그러나 과학철학의 경우 내부에

6 쿤의 유산에 대한 이 같은 역설적 상황에 관해서는 3장에서 더 자세히 다룰 것이다.

서 변칙 사례가 늘어나 위기감이 고조되었던 것도 아니었고, 그러한 위기에 대처해 내부에서 새로운 패러다임이 제시되어 옛것을 교체했던 것도 아니었다. 쿤이 일으킨 영향은 사실상 외부로부터의 충격이었다. 물리학을 공부한 역사가였던 쿤이 과학철학계에 파문을 던진 것이다. 그렇기에 쿤의 변혁은 많은 이에게 오해를 샀고, 쿤은 이러한 비판에 대응하는 과정에서 자신의 이론을 수정하고 정교화했다.

3. 쿤의 언어적 전회

『구조』의 출판은 과학의 합리성, 진리, 실재론, 진보 등에 대한 격렬한 논쟁을 촉발했고, 이후 쿤은 줄곧 과학을 비합리적이고 상대주의적인 것으로 만든다는 오해를 받았다. 그러한 비판에 대응하기 위해 쿤은 『구조』에서 제시한 핵심 개념들을 정교하게 만들었다. 그런 과정에서 쿤이 '언어적 전회linguistic turn'를 감행했다는 것에 쿤 연구자들은 대부분 동의한다(Bird, 2002; 2004; 2005; Gattei, 2008; Irzik and Grünberg, 1995; Nersessian, 2003; Reisch, 1991). 그것이 하나의 전회인 까닭에, 쿤의 후기 철학은 중요한 의미에서 전기 철학과 그 성격이 구별되는데, 쿤의 후기 철학이 전기 철학과 단절된다면 우리는 선택에 직면하게 된다. 즉, 쿤의 후기 철학은 그의 사상적 성숙을 보여 주는 것이므로 전기 철학은 잘못되었다거나, 아니면 『구조』에서 드러난 쿤의 통찰이 언어적 전회로 인해 빛이 바랬다고 판단하는 것이다. 그러나 이 장에서는 쿤이 감행한 소위 '언어적 전회'의 성격을 규명하고, 어떤 점에서 쿤의 후기 저술이 전기의 철학적 작업들과 연속적이고 또 어떤 면에서 불연속적인지를 드러내고자 한다.

언어적 전회란 무엇인가

언어적 전회는 용어 사용에서 변화를 포함하는 표현이다. 『구조』에서 쿤이 제안한 가장 참신하고 통찰력 있는 아이디어는 '패러다임'이라는 용어를 도입하여 과학사를 분석한 부분이다. 당대 과학철학자들이 주로 과학이론의 본성과 구조에 관해 논의하고, 과학적 발달 과정을 과학이론의 변동에서 찾았다면, 쿤은 과학을 이해하는 데 이론에 관한 논의만으로 충분하지 않다고 보았다. 그러나 그의 후기 저술들을 보면 패러다임에 관한 이야기는 자취를 감추고, 대신 이론과 이론 변화에 관한 논의가 그 자리를 차지했다. 이러한 용어법의 변화는 놀라운데, 범례로서의 패러다임 개념을 정교화하면서 쿤은 이것이 "『구조』에서 가장 참신하면서 가장 덜 이해된 측면"이라고 강조했기 때문이다(*SSR*, 187). 후기의 그는 패러다임 전환 대신 이론 변화의 모형을 발전시켰으며, 공약불가능성 논제는 이론에서의 급진적 변화로 이해되었다(Kuhn, 1983; 1989).

물론 언어적 전회는 '패러다임'에서 '이론'으로의 용어상 변화 그 이상이었다. 그것은 정상과학, 과학혁명, 공약불가능성 등을 재정의하는 과정이었다. 특히 정상과학과 과학혁명의 구분이나 공약불가능성 같은 핵심 논제들은 패러다임 전환이 아니라 언어의 번역과 새로운 언어의 학습, 어휘집 등과 같은 언어적 자원을 통해 해명되었다. 그런 의미에서 쿤의 전환은 언어적이었다고 할 수 있다. 게다가 언어적 전회는 보통 방법론적 전환을 포함하는 것으로 간주된다. 그것은 쿤이 과학에 대한 자연주의적 접근에서 벗어나 철학적이고 선험적 접근으로 선회했음을 뜻한다. 번역과 어휘집에 대한 쿤의 생각들은 콰인W. Quine, 데이비드슨D. Davidson, 퍼트남H. Putnam 등 당대 언어철학자들과의 상호작용에서 영향을 받은 것이 분명하다.

언어적 전회 이후, 쿤의 과학철학에서 가장 핵심적인 개념은 어휘집lexicon과 어휘적 분류체계lexical taxonomy이다. 어휘집은 패러다임이 아닌 이론에 대해 이야기할 때 사용된다. 즉, 어휘집은 한 이론의 어휘집이다. 쿤에 따르면, 모든 이론은 자신만의 독특한 어휘집, 즉 이론 내에 등장하는 종-개념kind-concepts 혹은 종-용어kind-terms의 분류학적 구조를 가진다. 쿤은 어휘집에 대해, "한 발화 공동체의 구성원들이 공동체의 종-용어들을 저장하는 모듈"(Kuhn, 1993: 315)이라고 말하며, 때로는 "공동체를 붙잡아 놓으면서 다른 집단과 스스로를 분리하는, 공유된 개념적 혹은 분류적 구조를 체현하고 있는 단위"(Kuhn, 1991/2000: 104)라고도 말한다. 기능적으로 보면, 하나의 어휘집은 세계 속의 존재자, 속성, 규칙성을 기술하고 일반화하기 위한 선제 조건이고, 이를 통해 과학자들은 문제들을 정식으로 제기하고 이에 대한 해결책을 모색하게 된다.

여기서 쿤이 과학이론에 등장하는 모든 언어적 표현이 아니라 제한된 종류의 용어들, 즉 종-용어들에 초점을 맞추고 있다는 점에 주목할 필요가 있다. 종-용어는 투사 가능하다는 점에서 과학적 탐구에서 핵심적 역할을 수행한다. "어떤 종-용어를 안다는 것은 그 용어의 지시체에 의해 만족되는 몇몇 일반화를 아는" 것이기 때문이다(Kuhn, 1993: 316). 만약 당신이 '고양이'라는 종-용어를 안다면 '고양이'로 지칭하는 개체들의 몇몇 일반화된 진술들, 예컨대 "고양이는 다리가 넷이다", "고양이는 수염이 있다", "고양이는 포유동물이다" 등을 안다는 것이다. 종-용어와 그것들의 분류 구조는 일반화를 위해서뿐 아니라 그것을 공유하는 공동체의 다른 구성원들과의 효과적인 의사소통을 위해서도 필요하다. 한 단어가 무엇을 의미하는지 안다는 것은 언어공동체의 다른 구성원과 의사소통을 할 때 그것을 사용할 줄 안다는 뜻이다. 여기서 쿤이, 각 언어 표현이 개별적으로 그것의 지시체에 의해 의미를 획득한다고 주장하는 것은 아니다. 사실 그 반대다. 쿤은 일종의 국소적인 의미 전체론을 받아들인다. 즉, 단어들은 개별적으로 의미를 가지지 않고, "하나의 의미론적 마당 안에 놓인 다른 단어들과의 연관성을 통해서만" 의미를 획득한다(Kuhn, 1990a: 301). 특히 법칙에 등장하는 용어들은 그 법칙에서 함께 등장하는 다른 용어들을 고려하지 않고서는 학습할 수 없다. 예를 들어, 뉴턴역학에서 '힘', '질량' 같은 용어들은 개별적으로 의미를 가지는 것이 아니라 뉴턴역학의 법칙에 사용된 다른 용어들과의 연관성을 통해서만 의미를 획득한다.

이제 이론이 변화할 때 어떤 일이 발생하는지 생각해 보자.

서로 다른 이론은 서로 다른 어휘집을 가지고, 서로 다른 어휘집은 "세계에 상이한 구조를 부과한다"(Kuhn, 1983: 682). 왜냐하면 이론에 포함된 종-용어들은 세계를 채우고 구성하는 종들을 지칭하고, 그것들을 여러 범주로 구분하기 때문이다. 따라서 상이한 어휘집을 가지고 있는 과학자들은 세계를 달리 범주화한다. 쿤은 과학혁명의 본질적 특징을 포착해 낼 수 있는 새로운 도구를 장착하게 된 것이다. 이제 과학혁명은 과학이론들의 어휘적 분류 구조에서의 변화로 재정의된다(Kuhn, 1987/2000). 분류학적 변화는 단지 범주화와 관련된 기준에서의 조정이 아니라, "주어진 대상들과 상황들이 현존하는 범주들로 분산되는 방식에서의 변화"까지 포함한다(Kuhn, 1987/2000: 20). 그리고 그러한 변화는 중첩-금지 원리no-overlap principle의 지배를 받아 결정된다. 이 원리에 따르면, "어떤 두 종-용어도 그것들이 종species과 유genus로서 관계를 맺지 않는 한, 지시체에서 중첩을 허용하지 않는다"(Kuhn, 1991/2000: 92). 즉, 어떤 것이 강아지이면서 동물인 것은 가능하지만, 강아지이면서 고양이일 수는 없고, 은반지이면서 금반지인 것도 불가능하다. 이 원리는 기존 범주들을 가로지르는 재분류가 언제 필요한지, 그러한 재분류 없이도 발전을 성취할 수 있는 경우인지 말해준다.

쿤의 전기 저술에서 핵심적 부분이었던 정상과학과 과학혁명의 구분은 이제 "국소적인 분류학적 변화를 요구하는 발달과 그렇지 않은 발달"(Kuhn, 1991/2000: 97)의 수정된 구분으로 대체된다. 패러다임의 변화로 이해되던 과학혁명은 과학적 어휘집의 변화로서 해명된다. 『구조』에서는 과학혁명 기간 동안 과학자들에게 어떤 일이 일어나는지를 표현할 때 주로 정신적 용어에 의해 서술되었지만, 후기에 와서 쿤은 그러한 정신적 서술을 새로운 종-용어의 도입이나 어휘적 범주의 재배치 같은 언어적 서술로 대체하고 있다.

공약불가능성의 개념도 새롭게 정의되고 정교화되었다. 『구조』에서 공약불가능성은 여러 가지 의미를 가지고 있었지만, 후기에 와서 쿤은 그것을 의미론적 차원으로 국한하려 했다. 공약불가능성은 일종의 번역불가능성, 더 정확히 말하자면 두 어휘적 구조가 불일치하는 하나 혹은 다른 영역에 국소화된 형태의 번역불가능성으로 재정의된다. 『구조』에서 과학공동체를 하나로 모아주는 것은 공유된 패러다임이었지만, 이제 과학공동체는 과학 언어의 어휘적 구조를 공유하는 하나의 언어공동체로 묘사된다. 만일 두 이론이 공약불가능하면, 두 이론이 기술된 언어는 국소적으로 번역불가능하고, 그래서 이론들을 일대일로 비교하기는 어렵다.[1] 번역불가능성으로 이해된 공약불가능성은 서로 다른 이론을 채택하고 있는 과학자들 사이에서 왜 의사소통이 부분적으로 실패하게 되는지도 이해할 수 있게 해 준다. 그들은 공통의 어휘집을 공유하고 있지 않기 때문이다.

1 그렇다고 해서 쿤이 공약불가능한 이론들 사이에서 합리적인 이론 선택이 불가능하다고 주장한 것은 아니다.

쿤은 자신의 과학적 발달 모형에 다원주의적 요소를 가미한다. 개발하고 있는 자신의 입장이 일종의 "후기-다원주의적 칸트주의"임을 인정한다(Kuhn, 1991/2000: 104). 과학자들에게 어휘집은 마치 칸트의 범주처럼 경험의 가능 조건을 제공한다. 그렇지만 그 이전의 칸트주의자들과 달리, 쿤이 제안한 어휘적 범주는 시간과 공동체에 따라서 변화할 수 있고, 또 변화해 왔다. 쿤은 단지 변화하는 범주의 칸트주의를 자처할 뿐 아니라, 더 적극적으로 다원주의적 진화 과정을 차용하고자 한다. 『구조』에서도 진보를 논의하는 과정에서 진화의 유비를 사용한 바 있지만, 후기에는 초기 저술에 전혀 등장하지 않았던 '종분화speciation' 개념을 차용한다. 앞서 보았듯이, 쿤은 국소적인 분류학적 변화를 동반한 연구와 그렇지 않은 연구 활동을 구분하는데, 그에 따르면 전자는 종분화 과정에 유비될 수 있다. 종분화 과정을 통해 새로운 종이 탄생하듯이, 과학혁명은 자신의 어휘집을 가지는 새로운 분과가 등장하는 것으로 볼 수 있다.

쿤은 전문화와 전문성의 범위가 좁아지는 것은 과학이 점점 더 강력한 인지적 도구를 획득하기 위해 치러야 할 값이라고 보았다. 즉, 현대 과학에서 전문화는 불가피하고, "바로 그러한 분화들을 통해 [전체로서의] 지식이 증대된다"(Kuhn, 2000: 101). 여기에서 지식의 진화와 종의 진화 사이의 유비가 잘 드러난다. 과학혁명은 (돌연변이가 아니라) 종분화와 같은 과정을 거치며, 두 경우 모두에서 분화를 겪는 단위는 제한되어 있다. 특정한 유전자 풀을 가진, 생식적으로 분리된 개체군이 종분화의 단위라면, 공유된 어휘집을 갖고 서로 의사소통할 수 있는 전문가 공동체가 학문 분화의 단위가 된다. 중요한 것은 공약불가능성이 어휘적 다양성을 산출하는 분리의 수단으로서 기능한다는 것이다.

다원주의적 변용은 쿤이 작업하고 있던 마지막 책의 핵심 주제였지만, 아쉽게도 그 책은 출판되지 못했다. 쿤의 진화론적 인식론 혹은 다원주의적 과학 발달 모형은 분명히 더 탐구해 볼 만한 가치가 있지만, 충분히 성숙한 것으로 보기는 어렵다.[2] 따라서 여기서는 쿤이 제안한 진화적 동학에 관한 논의는 제쳐 두고, 언어적 전회가 불러온 단절에 관해서만 다루도록 한다.

쿤의 잘못된 전회?

케임브리지대학 철학과 교수인 알렉산더 버드는 토머스 쿤의 철학적 유산이 역설적이라는 사실에 주목한다(Bird, 2002; 2005; Shan, 2020). 쿤은 20세기 후반 매우 영향력 있는 철학자 가운데 한 명이었지만, 그만의 독특한 철학적 유산이 남아 있지 않다. 과학철학에 쿤학파가 존재하지 않으며, 심지어 쿤의 지도를 받아 박사학위를 받은 과학철학자도 없다. 물론 이러한 역설적 현상에 대해서는 쿤의 괴팍한 성격에 호소하는 심리적 설명이나 당대 상황을 고려하는 사회학적 설명 등 여러 차원의 설명이 있을 수 있

2 쿤의 다원주의가 생물학적 진보와 생태적 니치에 대한 잘못된 개념에 기초를 두고 있다는 비판에 대해서는 Renzi(2009)를 참조할 수 있다.

다.[3] 그러나 버드는 쿤의 철학하는 방법과 그 내용에 관심을 가졌다. 과학철학계에서 쿤의 공약불가능성 논제는 격렬한 논쟁을 불러일으켰고, 많은 철학자는 그 논제가 과학의 합리성을 위협한다고 받아들였다. 공약불가능성 논제가 철학자들에게 잘 받아들여지지 않았다고 말해도 과장은 아닐 것이다. 과학사회학의 '강한 프로그램Strong Program'을 주창하고 옹호한 이들은 자신들이 쿤에게 빚지고 있다고 말했지만, 쿤 자신은 그들과 거리를 두었다. 쿤은 과학적 발전에 대한 내재주의 역사 서술론을 고수했고, 과학 외적인 이해관계나 이데올로기 등의 영향에 대해 조심스럽게 접근했다.

쿤이 제시한 새로운 개념은 철학자들에게 수용되지 못했고 사회학자들에게 오해를 불러일으킨 이러한 역설적 상황은 적어도 부분적으로 쿤이 시대를 앞서간 데서 그 이유를 찾을 수 있다.

---

3 유명 다큐멘터리 감독인 에롤 모리스(Errol Morris)는 프린스턴 대학에서 쿤과 함께 과학사와 과학철학을 공부하던 시절에 그가 『구조』에 대해 비판하는 글을 제출하자 쿤은 그보다 더 긴 논평을 써서 보냈고, 두 사람이 논쟁을 벌이던 중 쿤이 재떨이를 집어 던졌다는 언급을 한 바 있다. 모리스는 쿤을 진리와 실재를 부정하는 극단적 상대주의자로 취급하면서, 쿤의 '패러다임 변화'가 가짜 뉴스와 소위 '대안적 사실'을 주장하는 사람들에게 배경을 제공했다고 주장한다. 그의 개인적인 경험과 별개로, 쿤의 철학에 대한 모리스의 평가(Morris, 2018)는 논쟁적이다. 철학자 필립 키처(Phillip Kitcher)는 이 책에 대한 서평에서, 모리스가 상대주의를 비판하기 위해 쿤의 진정한 모습이 아닌 캐리커처만을 제시했을 뿐이라고 지적한다(Kitcher, 2018).

『구조』에서 쿤은 형태심리학이나 뉴룩심리학의 사례들을 언급하면서, 패러다임이 변화하는 과정에서 과학자들에게 일어나는 일들에 대한 심리적 해석을 제시하려 했다. 이후 과학적 발달에 대한 자신의 통찰을 정교하게 만들기 위해, 계산 모형을 적용해 개념 학습에 대한 이론을 시험하려 했으나, 그다지 성공적이지 못했다(Kuhn, 1974/1977: 310). 좁은 의미의 패러다임을 범례로 해명하는 그 논문에서 그러한 계산 모형을 그가 시도하고 있다고만 언급되지만, 그 후의 논의에서는 언급조차 없다. 쿤은 그러한 계산 모형을 통해 규칙에 기반하지 않고 개념이 전달되는 과정을 시뮬레이션하고자 했지만, 이는 당시 기계와 프로그램의 제약, 그리고 개념 학습에 대한 심리학 연구의 부족으로 인해 성공하지 못했다. 당시 유행하던 규칙 기반의 계산 모형은 과학 활동을 규칙이 아닌 범례 기반의 활동으로 포착하려는 쿤의 목적에 들어맞지 않았고, 게다가 당시는 쿤의 이론적 통찰을 구체화할 수 있는 심리학이나 인지과학의 자원들을 활용할 수 있는 상황이 아니었다.

그러나 버드는 쿤이 역설적 상황에 처하게 된 핵심적 이유는 쿤 자신의 잘못된 전회, 즉 언어적 전회에 있다고 주장한다. 후기 저술들에서 쿤은 『구조』에서 채택한 자연주의적 방법을 포기하고, 비트겐슈타인의 영향을 받은 언어철학과 칸트주의 형이상학에 의존하는 선험적·철학적 방법에 의존했다는 것이다. 후기의 쿤은 역사적 접근의 한계를 인정하면서 철학에서 역사의 역할을 강조하고 경험심리학의 성과들을 활용한 접근 방식을 언어철학과 연계된 어휘집과 번역의 개념으로 대체했다. 따라서 여러 얼굴을 가지고 있던 공약불가능성의 개념도 의미론의 단일 차원으로 축소되었다. 버드는 이것을 아이러니로 본다. 당시 철학자들에게 친숙하지 않던 자연주의적 논증을 제시한 독창적 사상가였던 쿤 덕분에 철학자들 사이에서 자연주의가 영향력을 얻게 되었는데, 정작 그가 선험적 논증으로 방향을 선회했기 때문이다. 쿤의 잘못된 전회를 따라가는 대신, 버드는 쿤의 초기 패러다임 개념에 진정한 통찰력이 있다고 평가하며, 인지과학과 심리학의 자원들을 활용하여 범례로서의 패러다임을 정교화하는 편이 좋았을 것이라고 평가한다.[4]

쿤의 유산에 관한 역설적 상황에 대해 버드가 내린 진단을 자세히 살펴보자. 버드는 쿤의 후기 철학적 접근이 "논리경험주의가 실패한 이유와 같은 이유로" 실패했다고 주장한다(Bird, 2002: 445). 쿤은 논리실증주의의 유산을 계승했으며, 그러한 이유로 동일한 실패를 반복했다는 것이다. 물론 쿤이 논리실증주의의 모든 요소를 받아들인 것은 아니었다. 그러나 쿤이 논리실증주의를 부분적으로는 거부했지만, 부분적으로 계승했기 때문에 전망이 밝지 않았다고 버드는 해석한다. 이러한 해석에 따르면, 쿤은 논리실증주의를 전복한 혁명가가 아니라 오히려 논리실증주의의 비판적 계승자인 셈이다.

4 이에 관해서는 5장에서 자세히 살펴볼 것이다.

사실 쿤과 논리실증주의의 관계는 간단치 않다. 쿤은 논리실증주의의 쇠퇴를 가져온 과학철학의 역사적 전회를 이끈 인물이고, 논리실증주의의 비판자로 통상 평가된다. 『구조』 1장의 첫 문장을 보면, 쿤은 철학에서 역사의 역할을 강조하면서 이로부터 과학에 대한 새로운 관점을 제시할 수 있다고 주장했다. 그리고 완성된 과학이론에 대한 논리적 분석에만 집중한 기존의 과학철학을 비판하고 실제 과학의 발전 과정을 세심하게 검토해 그에 기초한 철학적 의견을 개진했다. 이뿐만 아니라 중립적인 관찰 언어와 이론 언어의 구분이나 의미에 대한 검증 이론에 대해서도 비판적 입장을 취했다. 그러나 우리는 『구조』가 논리실증주의 운동의 일환이던 통일과학을 위한 백과사전의 일부로 출판되었다는 사실을 상기할 필요가 있다. 논리실증주의의 대표자 가운데 한 명인 루돌프 카르납Rudolf Carnap과 쿤이 교환한 서신은 둘 사이에 복잡한 관계의 한 단면을 보여 준다. 쿤의 원고에 대해 카르납은 아래와 같이 썼다.

> 나는 이 논문이 백과사전에 가치 있는 기여를 할 것으로 믿네. 나는 자네가 다루려는 문제들에 관심이 매우 많다네. 물론 과학사에 대한 내 지식이 다소 단편적이긴 하지만 말일세. 많은 항목 중에서, 나는 자네가 과학혁명 중에 새로운 개념틀이 제안되어야 한다고 강조한 것과, 그것의 기초로서 오랜 문제들에 대한 답뿐만 아니라 새로운 물음들을 제기한 것이 마음에 들었네.(1960년 4월 12일, 카르납이 쿤에게 쓴 서신)

이 서신에서 카르납이 자신의 후기 언어틀 철학과 쿤의 이론 사이에 모종의 유사성이 있다고 인지했음을 알 수 있다. 그런데 쿤은 당시 카르납이나 논리실증주의 철학자들의 주장을 세밀하게 알고 있었던 것 같지 않다. 후기에도 쿤은 카르납과 자신의 차이가 여전히 크다는 점을 강조하면서도, 카르납이 다른 경로를 통해 자신과 유사한 결론에 이미 도달했음을 넌지시 내비친다.

> 나는 내가 [카르납의] 견해를 알지 못했다는 사실에 대해 엄청난 당혹스러움을 느꼈음을 고백했다. 반면에, 만일 내가 그의 견해를 알았더라면, 그리고 그 수준에서 책을 썼더라면, 나는 아마도 『구조』를 결코 쓰지 않았을 것이다. 물론 『구조』에서 나타나는 견해가 카르납의 견해와 동일하지는 않지만, 결과에 이르는 경로가 부분적으로 다르다는 것은 흥미롭다. 전통 안에서 머물러 있는 카르납은 여기까지 내몰렸다. 나는 이미 반란을 일으켰고, 다른 방향에서 결과에 이르렀다. 어쨌든 우리는 여전히 달랐다.(Kuhn et al., 1997: 186)

그러나 버드가 문제 삼고 있는 지점은 카르납의 후기 철학과 쿤의 『구조』 사이의 미묘한 유사성이 아니다. 그가 문제시하는 것은 쿤의 가장 핵심적인 주제인 공약불가능성, 특히 의미론적 공약불가능성이 논리실증주의와의 급진적 단절이 아니라 오히려 실증주의적 관념의 확장이라는 것이다. 의미론적 공약불가능성이란 상이한 이론들은 서로 다른 용어들을 사용하지만, 동일한 용어가 사용되더라도 그 용어들은 서로 다른 의미를 가진다는 것을 뜻한다. 혁명의 전후, 과학 용어는 내포가 변화할 뿐 아니라 외연도 변화한다. 쿤은 공약불가능성 논제가 자신의 실증주의 비판에서 핵심적인 부분이라고 여겼으며, 공약불가능성을 받아들이지 않는 것은 곧 실증주의로 회귀하는 것이라고 생각했다. 그러나 버드는 사실 정반대라고 말한다. "쿤은 실증주의의 핵심 논제 — 의미에 대한 이론-맥락적 견해 — 를 보존하고 있기 때문에, 공약불가능성 논제를 제시할 수 있었다"(Bird, 2002: 48).

이론-맥락적 견해에 따르면, 한 용어의 의미는 그 용어가 등장하는 이론적 맥락 속에서 결정되고, 그 용어는 주어진 이론 내에서 그 용어가 수행하는 여러 가지 역할에 의해 규정된다. 물론 모든 용어의 의미를 결정하는 데 이론적 맥락이 필요한 것은 아니다. 논리실증주의의 수용된 견해에 따르면, 과학이론의 비논리적 어휘들은 관찰 용어와 이론 용어로 구분되며, 관찰 용어는 이론과 무관하게 독립적으로 의미를 획득한다. 그러나 직접 관찰될 수 없는 대상이나 속성, 과정 등을 지칭하는 이론 용어는 그 용어가 사용되는 이론에 의해서 의미가 규정된다. 그렇다면 한 이론이 다른 이론으로 대체되면 이론적 용어의 의미는 변화하게 된다. 여기에서 쿤은 한 걸음 더 나아가 관찰의 이론적재성theory-ladenness of observation 논제를 제시한다. 관찰자가 가진 이론에 따라서 관찰이 변화한다는 이 논제가 의미의 맥락적 견해와 결합하여 의미론적 공약불가능성 논제가 도출되었다는 것이 버드의 주장이다. 과학자가 받아들이는 이론이 달라지면 이론적 용어의 의미가 달라질 뿐 아니라 관찰 용어의 의미도 변화하는데, 이것이 의미론적 공약불가능성이라는 것이다.

버드는 지시주의referentialism 혹은 인과적 지시론에 대한 쿤의 반응에서 또 다른 실증주의적 요소를 찾을 수 있다고 주장한다. 쿤은 혁명 이후 한 용어의 뜻과 지시체가 모두 변화할 수 있다고 주장한다. 이는 뜻이 지시체에 우선한다는 (혹은 뜻이 지시체를 결정한다는) 견해를 가정하는 것으로 보이는데, 이 가정은 인과적 지시 이론과 내용 외재주의에 의해 반박된다. 그리고 버드가 보기에는 다수의 철학자가 받아들이는 외재주의 이론이 진정으로 실증주의적 사고와 단절하는 길이다. 그러나 쿤은 종-용어에 관해 인과적 이론을 채택하지 않으며, 이론에 따라 뜻과 지시체가 변화한다는 입장을 고수한다. 게다가 쿤의 반실재론적 태도(혹은 칸트적 형태의 회의주의)도 이론적 존재자에 대한 실증주의적 태도와 유사하다.

쿤이 언어적 전회를 감행한 동기는 하나로 요약될 수 없을 것이다. 초기부터 쿤은 포퍼의 견해 및 자신에 대한 포퍼주의적 오해로부터 자신의 견해를 분리해야 할 필요성을 느꼈고, 급진적 상대주의나 군중심리학에 호소하는 비합리주의라는 혐의로부터 벗어나고자 했다. 특히 상대주의의 원천으로 지목된 공약불가능성, 즉 한 용어가 상이한 이론에서 사용되는 경우에 의미가 변화할 수 있다는 주장으로 인해, 쿤은 의미와 지시체에 대한 논쟁에 참여할 수밖에 없었다. 버드는 쿤의 지적인 이력에서 언어적 전회의 주된 동기를 찾는다. 쿤은 자신을 "철학적 목적을 위해 과학사로 전향한 물리학자"로 소개한다. 즉, 쿤은 철학자로서 훈련받지 않았으나 철학 연구를 수행했고 좋은 철학자로서 인정받고자 했다. 이것이 어떻게 잘못된 전회의 원인이라는 것인가?

정규 과정의 철학교육을 받지 않았던 쿤은 실증주의나 당대 철학적 사유들에 관해 부분적이고 파편적으로만 이해하고 있었다. 실제로 『구조』의 1판을 보면, 직접 인용된 철학자는 포퍼와 핸슨 정도다. 쿤은 당대에 주도적이던 과학에 관한 그림을 통렬히 비판했지만, 구체적으로 어떤 철학자의 어떤 주장을 비판 대상으로 삼고 있는지 아주 분명치는 않다. 버드에 따르면, "쿤은 이론적 용어의 의미에 관한 이론-맥락적 견해나 대응으로서의 진리가 접근 불가능하다는 확신 등 그가 기꺼이 받아들인 논제들이 사실상 실증주의의 핵심 논제였음을 인지하지 못하고 있었다. 쿤이 공약불가능성 논제 같은 급진적으로 보이는 논제를 제시하도록 만든 것은 실증주의에 대한 부분적 거부와 부분적 유지다"(Bird, 2002: 445). 쿤이 공약불가능성 논제를 정교하게 만들려 했을 때, 의미와 지시에 관한 이론들은 철학계에서 이미 폭넓게 논의되었고, 쿤은 철학자 공동체로부터 존중받기 위해 의미론적 측면에 집중하여 연구를 수행한 것으로 보인다. 그러나 버드는 쿤의 진정한 통찰은 후기 철학이 아니라 전기의 패러다임 개념에 있다고 보고, 이를 자연화하는 것이 쿤의 통찰을 되살리는 길이라고 주장한다.

버드의 잘못된 진단

쿤의 언어적 전회에 대한 버드의 부정적인 평가는 크게 두 가지로 나뉜다. 하나는 동기에 관한 부분으로, 쿤이 정규 과정의 철학교육을 받지 않았기 때문에 실증주의의 핵심 요소를 부지불식간에 받아들이게 되었다는 것이다. 그리고 다른 하나는 공약불가능성으로 대표되는 쿤 철학의 실패가 그가 받아들인 실증주의적 요소들 때문이라는 것이다. 그러나 본서에서는 쿤이 언어적 전회를 감행한 동기에 대한 버드의 설명이 부분적이고 불충분하며, 쿤의 사상이 실증주의적이라는 버드의 평가는 근거가 빈약함을 지금부터 논의할 것이다.[5]

쿤의 공약불가능성이 철학자들 사이에서 커다란 논쟁을 일으켰다는 데에는 이론의 여지가 없지만, 그것을 실패라고 규정할 수는 없다. 분류학적 변화로서 공약불가능성을 해명하려 했던 쿤

5 그에 앞서, 우리는 버드가 규정하고 있는 쿤의 철학적 유산의 역설적 상황에 대한 명료화를 요청할 수도 있다. 쿤이 과학철학에 미친 전반적인 영향을 생각할 때, 그의 유산이 거의 남아 있지 않다는 주장은 받아들이기 어렵기 때문이다. 예컨대, 프리드먼은 『구조』가 과학철학에 영속적인 영향을 끼쳤다고 주장하면서 다음과 같이 말한다. “[『구조』는] 과학사의 철학적 중요성에 대한 우리의 인식을 영구히 바꾸어 놓았다. 그것은 과학철학에서 일종의 혁명을 촉발시켰다. (…) 이러한 새로운 철학의 운명이 어떻게 되었든지 간에, 과학사에 주의 깊고 세심하게 주의를 기울이는 것이 과학에 대한 어떠한 철학적 고려에서도 절대 핵심적이라는 사실은 의문의 여지 없이 분명하다.”(Friedman, 1993: 37)

의 시도는 간단히 평가절하되지 않아야 하며, 실패의 원인을 쿤이 승계한 실증주의에서 찾으려는 시도에도 동의하기 어렵다. 다만, 우리는 쿤이 진정으로 실증주의적이었는지에 대해서는 물을 수 있다. 필자는 쿤과 논리실증주의 사이의 몇 가지 표면적 유사성이 있다 해서 쿤의 철학을 실증주의 아래에 위치시키는 것은 잘못이라고 본다. 우리는 쿤의 사상이 실증주의적 사상과 얼마나 유사한지가 아니라, 진정으로 실증주의적인지 또는 실증주의적 사상을 계승한 것인지를 물어야 한다.

버드는 쿤의 사상이 원인론적으로etiologically 실증주의적이라고 주장한다. '원인론적으로 실증주의적'이란 말은 쿤의 의미 이론이 본질적으로 실증주의적이지는 않더라도, 논리실증주의자들의 표준 이론인 의미의 이론-맥락적 견해로부터 발전한 것이기 때문에 간접적으로 실증주의적이라는 의미다. 쿤의 의미 이론은 논리실증주의자들이 채택한 이중 언어 모형(관찰 언어와 이론 언어의 구분)과 이론적 용어에 대한 맥락적 견해 관점을 수정한 것으로 볼 수 있으며, 그러한 관점은 진정으로 실증주의적인 의미의 검증 이론을 수정한 것이라 생각할 수 있다. 그렇다면 쿤의 이론은 원인론적으로 실증주의적이다. 다시 말해, 쿤은 본질적 실증주의자는 아니지만 물려받은 실증주의자다.

그러나 버드의 평가는 세 가지 점에서 문제를 노출한다. 첫째, 쿤이 자신의 이론을 개발하는 데 활용한 '이중 언어 모형'이 진정으로 실증주의적인지는 분명치 않다는 것이다. 언어는 (논리적 어휘가 아닌 한) 실증적으로 검증되거나 시험될 수 있는 경우에만 의미를 가진다는 검증 이론이 초기 실증주의의 대표적인 이론인 것은 분명하다. 그런데 비논리적 어휘가 관찰 용어와 이론 용어로 구분되며, 직접 관찰되지 않는 이론 용어는 그 용어가 등장하는 이론의 맥락 속에서 의미가 규정된다는 이론이 진정으로 검증주의적이거나 실증주의적인지는 의문이다. 이론 용어의 의미가 관찰 용어들에 의해서 완전히 정의된다는 초기 논리실증주의의 주장은 분명히 실증주의적이지만, 세련된 논리경험주의자들은 이론 용어의 의미가 순전히 관찰 용어의 의미로 정의되거나 환원된다고 생각하지 않았다(예: Hempel, 1952; 1966). 버드의 정의에 따르면, 진정으로 실증주의적 이론으로부터 개발된 것은 원인론적으로 실증주의적이다. 만일 이중 언어 모형이 진정으로 실증주의적인 것이 아니라 단지 원인론적으로만 실증주의적이라면, 쿤의 모형이 원인론적으로 실증주의적인지는 분명치 않다.

둘째, 그러한 점을 우회하기 위해, 버드는 '원인론'의 개념이 이행적transitive이라고 주장할 수 있다. 만일 어떤 것이 원인론적으로 실증주의적 사고로부터 생겨난 것이라면 파생된 것 역시 원인론적으로 실증주의적이라고 볼 수 있다는 것이다. 만일 우리가 이러한 의미에서 '원인론'의 연쇄를 받아들이면, 쿤의 의미 이론이 원인론적으로 실증주의적이라고 말할 수 있어야 한다. 그러나 이러한 선택은 실증주의의 개념을 지나치게 방만하게 만든다. 만일 이행적 원인론의 개념을 채택하게 되면, 우리는 원인론적으로 실증주의적인 어떤 것으로부터 개발되고 수정된 모든 이론이 원인론적 의미에서 실증주의적이라고 판단해야 한다. 하지만 이러한 귀결은 받아들이기 어렵다. 실증주의적 주장을 수정함으로써 제안된 대부분의 주장이 원인론적 의미에서 실증주의라고 한다면, 현대 영미철학에서 실증주의가 아닌 것이 얼마나 남겠는가.

셋째, 쿤이 역사가라는 사실을 의식적으로 무시할 때에만 우리는 그를 실증주의자라고 부를 수 있다. 쿤의 역사 서술론은 실증주의자들이 채택하던 것과는 다르다. 쿤은 역사가 가진 철학적 함의에 주목하면서, 역사가 단지 일화나 연대기가 아니라는 관점을 채택한다. 그의 '새로운 역사 서술론'은 과거 이론을 현재 기준에 맞추어 해석하고 평가하는 휘그적 역사 서술을 경계한다. 쿤은 과학의 역사를 경험적 발견들의 누적이나 논리와 경험이 강제하는 '합리적' 선택의 결과로 보지 않고, 과거의 특정한 발견을 현재의 이론에 이르는 과정에서 기여한 정도로 이해하려는 현재-중심주의적 태도를 지양했다. 그는 역사 속 인물들이 연구 활동을 수행했던 당대의 존재론적·인식론적·방법론적 가정들을 총체적으로 고려할 때 과거에 수행된 연구의 의미가 온전히 드러날 수 있다고 믿었고, 그러한 방식으로 과학의 역사를 서술하고자 했다. 그 결과는 단절의 역사였다. 역사가로서의 쿤의 이력은 언어적 전회의 동기에 대한 버드의 설명에서 빠진 부분인데, 이는 결코 사소한 부분이 아니다. 『구조』를 출판할 무렵, 쿤이 당시 논리실증주의자들의 철학적 작업들을 샅샅이 알지 못했다는 것은 사실이다. 그러므로 공식적인 철학교육의 부재가 쿤으로 하여금 과학에 대해 당시 광범위하게 퍼져 있던 논리실증주의에서 기원한 관점을 은연 중에 채택하게 했으리라는 의심은 근거가 아주 없지 않다. 그렇지만 역사가로서의 쿤의 면모를 간과한다면 그것은 부분적인 설명에 그칠 수밖에 없다.

쿤은 과학혁명의 본성을 깨닫게 해준 계몽의 순간에 대해 여러 차례 언급했다. 대표적으로 「본질적 긴장」에서 쿤은 아리스토텔레스의 과학 저술을 읽었던 기억에 관해 다음과 같이 술회한다.

> 아리스토텔레스를 읽는 경험은 사람들이 자연을 바라보고 그것에 언어를 적용하는 방식에서 광역적인 형태의 변화가 있음을 알려주었다. 그것은 단순히 지식을 더했다거나 실수를 단계적으로 교정했다고 서술하는 것이 적절치 않은 종류의 변화였다.(Kuhn, 1977: xiii)

아리스토텔레스의 계시epiphany는 쿤이 역사가로서 경험했던 아리스토텔레스 물리학과 뉴턴 물리학 사이의 공약불가능성을 나타내 준다. 호이닝겐-후에네가 지적하듯, 이 경험을 통해 쿤은 공약불가능성을 언뜻 감지한 것이다(Hoyningen-Huene, 2015: 194). 과학혁명의 본성을 해명하는 1987년 논문에서 쿤은 다음과 같이 말한다.

> 나는 아리스토텔레스의 자연학 텍스트를 내 앞에 펼쳐 놓고 손에는 4색 연필을 들고 책상 앞에 앉아 있었다. 위를 올려다보면서 내 방 창문 밖을 멍하니 내다보았다. 나는 아직도 그 순간의 시각적 이미지를 기억하고 있다. 갑자기 내 머릿속에 있던 조각들이 새로운 방식으로 정렬되었고, 모든 것이 딱 들어맞았다. 입이 떡 벌

어졌다. 단번에 아리스토텔레스가 매우 훌륭한 물리학자로 보였다. 내가 결코 상상도 하지 못한 방식으로 말이다.(Kuhn, 1987/2000: 16)

그는 갑자기 아리스토텔레스의 세계관을 파악할 수 있게 되었다. 마치 토끼-오리 그림처럼 두 세계관을 모두 경험한 것이다. 쿤의 제자인 헤일브런J. L. Heilbron이 쓴 것처럼, 쿤은 "아리스토텔레스가 나쁜 뉴턴 물리학을 쓴 것이 아니라 훌륭한 그리스 철학을 썼음"(Heilbron, 1998: 507)을 깨달은 것이다. 그것은 학문의 목적(과학자들이 해결하려는 문제란 어떤 것인지), 용어의 의미('운동', '물리학'), 존재론[6] 등의 변화를 포함하는 것이었다. 쿤은 이제 아리스토텔레스와 그 추종자들이 보았던 방식으로 세계를 볼 수 있게 되었고, 아리스토텔레스주의자들을 사로잡았던 문제들이 어째서 그들에게 있어 중요했는지를 이해하게 되었다. 쿤은 "갑자기 모든 조각이 정렬되고 새로운 방식으로 조합되는"(Kuhn, 1987/2000: 17) 이런 종류의 경험을 과학혁명의 일반적 특징 가운데 하나라고 보았다.

요컨대, 공약불가능성은 철학적 의미 이론에 뿌리를 둔 것이 아니라 역사가로서 쿤의 경험으로부터 기원한다. 번역되지 않는 과거의 텍스트를 해석하려 했던 쿤의 유레카 경험은 번역불가능성에 대한 역사가로서의 체험이자, 지속적인 철학적 탐구의 원천

6 예컨대, 아리스토텔레스 관점에서 위치는 하나의 속성으로서 운동의 상태가 아니라 운동 상태의 변화로 간주되었다.

이었다. 우리는 쿤이 철학적 야망을 가지고 과학사를 연구했다는 사실을 상기할 필요가 있다. 또한 의미의 국소 전체론이나 절대적 진리에 대한 그의 회의적 태도 역시 같은 시각에서 조명해 볼 수 있다. 쿤의 주요 철학적 문제는 그의 역사적이고 메타-역사적인 관찰에서 등장한 것이다.

언어적 전회와 반자연주의적 전회

쿤의 언어적 전회는 패러다임에서 이론으로의 용어상의 변화뿐 아니라 과학 언어의 어휘집과 분류 체계에 대한 의존을 특징으로 한다. 그리고 이러한 변화는 정상과학과 과학혁명의 구분, 공약불가능성에 관한 재정의를 동반한다. 버드는 쿤의 이러한 '언어적 전회'가 쿤의 전기 철학에서 뛰어난 통찰이 빛을 바래게 만든 잘못된 전회였다고 지적하면서, 쿤을 논리실증주의의 끝자락에 위치시킨다. 버드에 따르면, 쿤은 논리실증주의를 전복한 철학자가 아니라 논리실증주의의 비판적인 계승자다. 그러나 우리는 앞에서 쿤을 실증주의의 전통 아래로 위치시키려는 버드의 시도가 성공적이지 않으며, 언어적 전회의 동기에 관한 버드의 설명도 역사가로서의 쿤의 경험을 간과한, 불충분한 설명이었음을 보았다.

쿤의 언어적 전회에는 우리가 아직 다루지 않은 다른 중요한 측면이 있다. 버드를 포함하여 일부 연구자들은 언어적 전회 이후 쿤이 자연주의적 논증을 포기하고 선험적·언어철학적 접근으로 선회했다고 주장한다(Bird, 2002; 2003; 2005; Politi, 2021; Shan, 2020).

즉, 쿤의 언어적 전회는 반자연주의적 전회였다는 것이다. 다시 말해서, 쿤이 역사적 사례 연구와 심리학의 실험 결과에 호소하는 자연주의적 논증을 사용하는 대신, 언어의 의미, 어휘집, 번역에 호소하는 선험적 논증을 구사했다는 것이다. 만일 이러한 철학하는 방법에서의 변화가 언어적 전회의 핵심이라면, 언어적 전회 이후 쿤의 철학은 전기 철학에서 성숙된 것이 아니라 전기 철학과의 단절이다. 그렇다면 쿤의 전기 철학과 후기 철학을 동시에 받아들일 수는 없다. 범례로서의 패러다임 개념에 과학철학에 대한 쿤의 진정한 기여가 있고 그것을 더욱 자연화함으로써 쿤 자신의 통찰을 발전시킬 수 있다는 버드의 주장은 바로 이러한 단절에 대한 인식에서 기인한다. 그가 보기에, 쿤의 후기 철학은 실패작이다.

다음 장에서는 언어적 전회에 대한 이 같은 해석에 반대하여 쿤의 언어적 전환이 반자연주의적 전환으로 해석되지 않아야 한다는 주장에 대해 살펴본다. 쿤의 후기 작업은 자신의 자연주의적 노선을 지속적으로 발전시킨 것으로 해석될 수 있고, 특히 쿤의 전체적인 학문적 작업은 그의 개념 이론과 관련된 자연주의를 특징으로 한다. 다음 장에서는 이러한 사실에 대해 설명할 것이다.

4. 쿤의 개념 이론과 연속성 논제

버드는 쿤이 『구조』에서 자연주의적 접근을 취한 반면, 언어적 전회 이후로 그렇지 않았다고 주장한다. 정말로 언어적 전회가 철학-방법론상의 변화, 즉 반자연주의로의 전환을 포함한다면, 우리는 쿤의 전기 철학과 후기 철학 가운데 하나만 취할 수 있다. 버드는 쿤의 전기 철학을 재구성하여 발전시키는 것이 더 유용할 것이라고 주장한다. 그러나 이 장에서는 언어적 전회 이후로도 쿤은 여전히 자연주의자로 볼 수 있다고 주장할 것이다. 이를 쿤의 사상적 발전 과정에 대한 "연속성 논제"로 부를 수 있다(천현득, 2013). 연속성 논제는 두 가지 명제로 이루어진다. 첫째, 패러다임을 범례로서, 공약불가능성을 분류학적 변화로서 해명하는 과정에서 쿤은 개념 이론에 의존했다는 것이고, 둘째, 쿤은 자연주의적 개념 이론을 추구했다는 것이다. 쿤은 자연주의적 접근을 포기한 적이 없다.

개념 이론과 연계된 자연주의

『구조』에서는 비트겐슈타인이 제안한 가족유사성 개념의 영향이 이미 발견된다. 쿤은 정상과학의 특징을 해설하는 장에서 "비트겐슈타인에게 게임, 의자, 잎사귀는 자연적인 가족natural families이며, 각각은 중첩되고 교차하는 유사성의 네트워크로 이루어진다"고 말하고, 그런 가족유사성 개념을 자신의 패러다임 개념에 적용하고자 한다.[1] 1970년대에 쿤은 범례로서의 패러다임을 해명하기 위해 개념 학습에 대한 한 이론을 발전시킨다(Kuhn, 1974/1977). 물새들의 종류를 분류하면서 오리, 거위, 백조라는 용어를 사용하는 방법을 배우는 조니의 사례에서, 쿤은 어떻게 학습자가 일군의 대상들을 인식하고 그에 적합한 이름을 붙이는 방법을 배우는지를 예화한다. 그러한 학습 과정은 명시적인 규칙이나 원리를 필수적으로 요구하지 않으며, 학습 결과 조니는 오리, 거위, 백조에 대한 가족유사성 개념을 가지게 된다. 쿤은 자신의 후기 저술에서 개념적 도식, 어휘집, 어휘적 분류 구조 등을 핵심적 이론 자원으로 활용하는데, 이들은 개념과 동일한 기능을 하는 것들이다. 즉, 특정 어휘들이 과학적 인지에서 사용될 수 있도록 세계 속의 사물, 속성, 과정 등에 관한 경험적·이론적 정보를 부호화하는 것들이다.

---

1 쿤 연구자들은 가족유사성 개념에 호소하는 『구조』의 5장이 책의 초고에서 빠져 있었으며, 가장 뒤늦게 추가된 부분임을 밝힌 바 있다. 이러한 비트겐슈타인의 영향은 버클리에서 스탠리 카벨과 나눈 교류와 밀접한 관련이 있어 보인다.

물론 쿤의 연구를 보면 지각적·심리적 차원에서 언어적 차원으로 초점이 이동한 것은 사실이다. 쿤의 후기 철학에서 어휘집, 번역, 언어 학습은 핵심적 지위를 차지한다. 그렇지만 그가 언어적 전회를 선택하면서 자연주의적 접근을 통째로 포기했다고 결론지을 수는 없다. 먼저, 쿤은 언제나 역사적 사례를 연구에 활용했다. 그가 역사적 논증의 한계에 대해 인정하기는 했으나, 그것이 철학에서 역사가 아무런 역할을 수행하지 않는다는 뜻은 아니다. 과학사의 사례 연구만으로는 철학적 결론을 충분히 이끌어낼 수 없음을 지적했을 뿐이다. 공약불가능성에 관한 그의 오래된 지속적인 관심은 역사가라는 그의 경험에서 기인했음을 우리는 이미 확인했다. 그는 역사가 제기한 바로 그 문제, 공약불가능성의 문제를 개념 이론을 활용해 다루려고 했다.

이제 왜 쿤의 언어적 전회를 반자연주의적 전회로 오해하지 않아야 하는지를 살펴보자. 특히, 쿤의 언어 은유language metaphor가 그 자체로 선험적인 것은 아니라는 점에 주목할 필요가 있다. 첫째, 쿤은 언어 은유를 자주 사용했지만, 그것을 제한된 형태로만 사용했다. 언어 자체는 너무 포괄적이기 때문에, 자신의 논의를 분류 용어 혹은 종-용어로만 국한한 것이다. 종-용어의 근본적인 속성 가운데 하나는 그들이 중첩 금지 원리를 따른다는 것인데, "어떠한 두 종-용어도 그것이 종과 유의 관계를 맺지 않는 한, 중첩된 지시체를 가질 수 없다"(Kuhn, 2000: 92). 만일 한 언어 공동체의 구성원들이 중첩 금지 원리를 위반하는 사례들에 직면하면, 그들은 기존 분류 체계를 국소적으로 재배열한다. 공유된 분류 구조는, 적어도 논의 중인 영역에 대해서는 규칙성을 서술하고 다른 구성원들과 상호작용하기 위한 전제 조건이 된다. 그렇기에 공약불가능성은 두 개의 어휘적 분류 구조가 상충할 때 발생하는 국소적 번역불가능성이다. 그러나 번역불가능한 언어를 이해할 수 있는 길이 없는 것은 아니다. 역사가인 쿤 자신부터 번역불가능한 아리스토텔레스의 텍스트를 이해한 경험을 가지고 있다. 역사가나 인류학자는 번역불가능한 낯선 언어를 새롭게 배워 이중 언어자bilingual가 됨으로써 번역불가능한 언어를 이해할 수 있다. 물론 이중 언어자가 되는 것은 비용을 동반한다. 이중 언어자가 새로운 언어를 배우는 데에도 비용이 들지만, "어떤 언어공동체에서 대화가 진행되고 있는지를 언제나 기억해야 한다"(Kuhn, 2000: 93). 분류 구조의 재배치로 인한 번역불가능성이나 이중 언어 등의 개념은 분명히 언어적 차원의 이야기이지만, 그것 자체가 쿤이 형이상학적이거나 선험적인 언어 철학에 의존하고 있음을 말해 주지는 않는다.

둘째, 그보다 더 중요한 것은 의미론적 공약불가능성이나 어휘집 등으로 쿤이 의도했던 것은 사실 언어 이전의 개념적 모듈pre-linguistic conceptual modules로 더 잘 이해될 수 있다는 점이다. 쿤에 따르면, 개념이 먼저이고 언어는 그것을 표현하는 매체다.

> 나는 [공약불가능성에 대한 나의 현재] 견해를 단어들과 어휘적 분류 체계에 관한 것으로 기술해 왔고, 앞으로도 그런 방식으로 계속할 것이다. 즉, 내가 다루고 있는 지식의 종류는 명시적으

로 언어적이거나 그와 동류인 기호적 형태로 나타난다. 그러나 내가 단어보다는 개념에 대해 더 적절히 이야기할 수 있다고 말하는 것이 내가 생각하는 바를 명확하게 표현할 수 있을 것 같다.(Kuhn, 1991/2000: 94)

여기서 쿤은 언어적인 것과 개념적인 것의 구분을 간략히 언급하고 있지만, 사실 『구조』 이후로 쿤의 저술에서 그 둘은 명확히 구분되지 않은 채 사용되었다. 그러나 이어지는 문장들에서 쿤은 언어적인 것에 앞서 개념적인 것의 중요성과 의미에 대해 분명히 언급하고 있다.

내가 어휘적 분류체계lexical taxonomy라고 불러온 것은 개념적 도식conceptual scheme이라 말하는 것이 더 나을 것인데, 여기서 개념적 도식이라는 바로 그 관념은 믿음들의 집합이 아니라 믿음을 가지기 위한 선행 조건인 심적 모듈mental module의 특정한 작동 방식이고, 이것은 상상할 수 있는 믿음들의 집합을 제공함과 동시에 제한하는 것이다. 그러한 분류 모듈을 나는 선-언어적인 것으로, 그리고 동물도 소유하는 것으로 간주한다. 아마도 그것은 감각체계, 보다 분명하게는 시각 체계에 대해서 진화했을 것이다.(Kuhn, 1991/2000: 94)

여기서 쿤의 '심적 모듈'이라는 착상이 발달심리학에서 영감을 받았으리라 짐작할 수 있다. 쿤은 언어적인 것과 선-언어적 개념 모듈의 구분을 더 발전시키지 않았는데, 그 구분의 중요성에 대해 제대로 깨닫지 못했으며, 그 함의에 주목하지 않았던 것 같다. 그러나 선-언어적 개념 모듈에 초점을 맞추는 것이야말로 쿤의 후기 작업을 더 정합적이고 생산적으로 이해하는 길이다.

셋째, 언어와 개념을 명료하게 구분하지 않더라도, 언어에 대한 의존이 선험주의적인 논증으로 전환했음을 의미하는 것은 아니다. 1990년대에 쿤이 작성한 미출간 원고들과 인터뷰에서 우리는 그가 두뇌의 표상 능력의 진화, 대상 인식에 대한 발달심리학 연구, 언어와 개념 발달, 신경망을 통한 학습의 계산주의적 모델링 등과 관련된 경험과학적 연구에 대해 심각하게 고려하고 있었음을 알 수 있다. 예컨대, 말년에 그가 MIT에서 강의했던 〈과학적 발달의 철학〉(1991년 봄학기) 강의계획서를 보면 그러한 사실이 잘 드러난다. 이 강의계획서에 쿤은 당시 자신이 집필하던 (결국 출판되지 못한) 책의 내용을 다룬다고 쓰고 있는데, 강의는 크게 네 부분으로 이루어져 있다. 1부는 역사적 관점, 2부는 종의 분류학, 3부는 분류학의 진화, 그리고 4부는 상대주의, 진리, 실재론과 같은 철학적 쟁점이다. 특히 2부의 내용들이 쿤의 언어 은유와 밀접한 관련이 있는데, 어휘집 혹은 종-용어들의 분류 구조를 다루면서, 바우어T. G. R. Bower의 『유아의 발달*Development in Infancy*』, 엘런 마크맨Ellen Markman의 『아동의 명명과 범주화*Categorization and Naming in Children*』, 그리고 프랭크 케일Frank Keil의 『의미론 및 개념 발달*Semantic and Conceptual Development*』 같은 경험심리학 문헌들을 참고문헌으로 첨부했다.

쿤과 서신을 교환하거나 직접 인터뷰를 했던 연구자들의 인터뷰 내용도 경험심리학에 대한 쿤의 관심을 잘 보여 준다. 안데르센(Anderson, 2012)과의 인터뷰에서 쿤은 아동 발달에 대한 인지심리학적·발달심리학적 연구가 자신의 새로운 책과 연관이 있으며, 적어도 그 책의 한 장은 이와 관련된 내용에 할애했다고 말한다. 또한 신경망에 대한 문헌들과 자신의 "지각적 공간" 개념에 관련된 발달심리학 연구들을 언급하고, 심리학자 엘레노어 로시 Eleanor Rosch가 제시한 개념의 "등위 구조graded structure"가 신경학적 구조로부터 나타날 것을 확신했다고 한다. 과학철학자이자 인지과학자인 낸시 네르세시안Nancy Nersessian에 따르면, 쿤이 신경과학의 특정한 문헌들을 요청하거나 인지발달 심리학자인 수잔 캐리Susan Carey의 연구에 대해 함께 토론하기도 했다고 한다. 또한 그녀는 쿤과 캐리가 나누었던 학문적 대화에 대해서도 증언한다(Nersessian, 2003: 185-186). 인터뷰에 따르면, 쿤은 특히 아이들이 대상 영속성object permanence의 관념을 어떻게 가지게 되는지를 연구함으로써, 무엇이 본유적이고 인간 안에 내장되어 있는지를 결정하는 문제에 관심을 보였다. 예컨대, 대상을 개별화하고 시공간 속에서 추적하는 방식을 처리하는 어떤 본유적인 표상 체계가 존재하는지에 대한 문제 등이다.

발달심리학 연구에 따르면, 태어난 지 두 달밖에 되지 않은 영아도 개별 대상을 추적하고 확인하는 능력을 지녔다고 한다(Spelke et al., 1995). 개별 대상의 추적은 시공간적 연속성을 기준으로 가능하기 때문에, 영아들은 토끼 인형이 커튼 뒤로 사라졌다가 자동차 장난감으로 나타나도 그 둘을 하나의 대상으로 인식한다. 그러나 12개월이 되면 커튼 뒤에 두 부류의 대상이 존재한다는 것을 알게 되는데, 이는 대상을 어떤 범주에 속하는 것으로 인식함을 뜻한다. 이때는 단지 시공간적 연속성만이 아니라 특징들의 다발을 통해서도 대상을 파악하게 된다. 이러한 발달 과정은 한편으로 개별 대상을 재인하는 체계가 성숙해진 덕분이지만, 동시에 그가 속한 공동체가 대상들을 분류하는 방식에도 영향을 받는다. 이는 개별 대상을 표상하는 방식과 어떤 대상을 특징들의 다발인 어떤 종kind에 속하는 것으로 표상하는 방식이 상이함을 의미한다. 쿤이 고유명사에 대한 인과적 지시 이론을 커다란 이론적 진전으로 평가하면서도, 종-용어에 대한 인과적 지시론에 반대하는 이유가 여기에 있다.

> 자연적 일가를 이루는 개별 대상들은 [추적할 수 있는] 활동선lifeline을 갖지만, 자연적 일가 자체는 활동선을 갖지 않는다.(Kuhn, 1979/2000: 199)

개별 대상을 추적하는 능력과 하나의 종으로서 대상을 추적하는 능력이 다르고, 더 나아가 전자가 인간에게 내장된, 생물학적으로 결정된 능력에 가까운 반면, 후자는 공동체의 영향을 받는다는 사실은 쿤이 공약불가능성을 해명하는 데 중요한 역할을 한다.

> 틀림없이 어휘적 구조의 어떤 측면들은 생물학적으로 결정된다. (…) 그러나 적어도 고등 생명체에서는 (언어적 능력이 없다고 하더라도) 교육과 사회화 과정에 의해서도 중요한 측면이 결정된다. (…) 동일한 생물학적 자질을 타고난 생명체들도 여기저기에 매우 다르게 구조화된 어휘집을 통해 세계를 경험할 수 있고, 그런 영역에서 그들은 어휘적 간격the lexical divide을 가로질러 그들의 모든 경험을 전달할 수 없게 될 것이다.(Kuhn, 1991/2000: 101)

이러한 시도가 공약불가능성을 해명하는 데 얼마나 성공적인지는 별도의 논의가 필요할 것이다. 그러나 쿤이 이용 가능한 경험적 사실들에 관심을 가졌고, 그것들의 지지를 얻을 수 있는 개념 이론을 구축하려 했으며, 그러한 개념 이론을 토대로 공약불가능성을 해명하려 했다는 사실은 명백해 보인다.[2] 다음 절에서는 쿤이 자신의 개념 이론을 통해 패러다임과 공약불가능성을 어떻게 해명하려 했는지 살펴보자.

개념 이론을 통한 패러다임의 해명

패러다임 개념은 「본질적 긴장」에서 처음 등장했고 『구조』에서도 핵심적인 개념으로 사용되었으나, 지나칠 정도로 방만하게 사용되면서 그 힘을 잃었다. 이에 쿤은 넓은 의미의 패러다임인

2 쿤의 개념 이론이 실제로 심리학적 연구로부터 지지를 얻는다는 주장에 대해서는 Andersen et al.(2006)을 참조하라.

'전문분야 행렬'과 자신이 본래 의도한 개념인 '범례로서의 패러다임'을 구분하고, 후자를 해명하고자 했다. 쿤은 「본질적 긴장」에서 과학교육이 규칙이 아닌 예제 풀이를 통해 이루어진다는 통찰을 제시하며 패러다임 개념을 도입했는데, 이는 정의가 아니라 사례 간의 유사성을 통해 개념을 획득한다는 그의 개념 이론과 분리될 수 없다. 범례는 한 전문가 공동체가 관심을 가지는 구체적인 문제들에 대해 구성원들 사이에서 널리 수용된 해결책임과 동시에 그들이 새로운 퍼즐을 해결하려고 할 때의 길잡이 역할을 한다. 범례로서의 패러다임을 해명하는 「패러다임에 대한 재고」에서 쿤이 소개하는 사례는 범례로서의 패러다임 이론이 개념 이론에 기초하고 있음을 분명히 보여 준다.

아버지와 함께 동물원에 간 어린이(조니)를 상상해 보자. 조니는 물새들을 거위, 백조, 오리로 구분하는 법을 배우고 있다.

> 가장 중요한 교수법은 가리키기ostension이다. "모든 백조는 희다"와 같은 문구가 어떤 역할을 할 수도 있겠지만 반드시 필요하지는 않다.(Kuhn, 1974/1977: 309)

직접 사물을 가리키는 행위만으로 조니는 거위, 백조, 오리라는 개념을 배울 수 있다. 물론 이는 그가 아무런 조건 없이 혼자서 개념 학습에 성공할 수 있음을 뜻하지는 않는다. 조니에게는 그 개념을 능숙하게 사용하는 언어 사용자인 아버지가 곁에 있다. 아버지는 각 사례들이 오리인지, 백조인지, 아니면 거위인지를 확인해 주고, 조니가 사례들을 직접 가리키도록 격려하며 용어와 대상을 잘못 연결할 때는 적절히 교정해 준다. 이러한 과정을 통해 조니는 물새들의 개념을 습득하고 그에 해당하는 언어 표현들로 능숙하게 대상을 집어낼 수 있다. 아버지의 개념들을 조니가 물려받은 것이다.

이때 조니는 오리의 필요충분조건을 앎으로써 오리의 개념을 얻는 것이 아니다. 조니는 유사성을 지각함으로써 각 개념에 대한 명시적 정의나 일반화가 없어도, 개념과 함께 세계에 대한 새로운 지식을 배운다. 쿤에 따르면, "한 개념의 사례들은 서로 닮아 있기 때문에 그 개념에 속한다. 즉, 그 사례들은 가족유사성 개념들이다. 비트겐슈타인이 말한 것과 같이, 한 개념의 사례들은 다른 사례들과 가족처럼 닮아 있는 것, 즉 서로 포개지고 교차하는 관계 이상은 아니다"(*SSR*, 45). 쿤에게 개념의 기본적인 역할은 대상들을 유사한 것들끼리 묶는 것이고, 과학의 기본적 개념 구조는 바로 분류 체계classification system이다. 한 사회의 구성원은 자신이 거주하는 세계를 표상하는 개념 구조를 습득함으로써 공동체의 일원으로 사회화되고, 그렇게 공유된 개념 구조는 정상과학 연구를 가능케 하는 합의의 근간이 된다.

물론 몇 가지 개념으로 대상들을 단순히 분류하는 일상적인 사례와 달리, 과학 활동은 훨씬 더 복잡하다. 그럼에도 쿤은 학습된 유사성을 지각하는 이러한 과정이 과학 활동에서도 본질적인 것이라고 주장한다. 학생들은 추상적 원리나 규칙을 통해서가 아니라, 구체적인 문제 상황에서 개념과 기호적 일반화를 적용하는 법을 익힘으로써 해당 분야의 전문가로 성장한다. 이 과정에서 단순히 대상이나 속성들 사이의 유사성만 학습되는 것이 아니라, 여러 문제 상황 사이에서 성립하는 유사성이 학습되고 지각되어야 한다.

흔히 자연법칙은 보편적으로 성립하는, 필연적으로 참인 진술로 이해된다. 그러나 쿤은 흔히 법칙으로 간주되는 방정식을 보편적으로 참인 진술이 아니라 서로 다른 상황에서 구체적 표현을 다르게 할 수 있는 일종의 법칙 도식 혹은 일반화 개요로 이해한다. 그렇다면 방정식을 법칙이 아닌 법칙 도식으로 이해하는 것과 문제 상황 사이의 유사성을 지각하는 것이 어떻게 연결되는지 간단한 사례를 통해 이해해 보자.

뉴턴의 제2법칙은 f=ma의 형식을 가진다. 이때 f는 힘force, m은 질량mass, a는 가속도acceleration를 가리킨다. 그런데 f=ma라는 도식은 상황에 따라서 다른 표현들을 만들어 낼 수 있다. 예컨대, 자유낙하운동의 경우 $mg=md^2s/dt^2$의 형태로 표현되고, 단진자운동의 경우에는 $mg\sin(a)=-md^2s/dt^2$와 같이 표현된다. 힘이나 가속도와 같은 개념들은 뉴턴 방정식의 추상적인 형태를 통해 학습되는 것이 아니다. 그와 같은 개념들을 포함하는 기호적 일반화가 어떻게 다양한 문제 상황들에 적용되는지 확인하고, 여러 문제 상황들 사이의 유사성을 지각하게 됨으로써, 개념들과 기호적 일반화를 구체적인 문제 상황들에 적용할 수 있으면 학습이 이루어진 것이다. 학습이 완료되면 새로운 문제가 주어졌을 때, 이전에 접한 문제와의 유사성을 발견함으로써 해결하려고 한다. 예컨대, 우선 어떤 물체의 운동이 단진자운동과 유사한지, 아니면 자유낙하 운동과 유사한지 등을 인식해야 한다. 문제 상황들 사이의 유사성은 공통적인 일반화 표현의 적용을 통해 판별될 수 있다. 물론 이런 경우에 규칙이 아니라 다양한 사례에 노출됨으로써 유사성 관계를 획득한다. 범례로서의 패러다임은 쿤이 개념에 대한 가족 유사성 이론을 확장함으로써 얻어진 것이다.

가족유사성 이론에 의존하면서, 쿤은 비트겐슈타인의 가족 유사성 이론에 대해 제기된 비판들에 대응해야만 했다. 그중 대표적인 비판은 모든 것이 다른 모든 것과 어떤 점에서는 유사하기 때문에 유사성이 개념의 내용을 결정하는 데 실질적 역할을 할 수 없다는 것이다. 우리는 가족의 구성원들이 서로 닮았다고 판단할 수도 있지만, 사과와 생선이 (둘 모두 먹을 수 있다는 측면에서) 서로 닮았다고 판단할 수도 있다. 만일 모든 것이 서로 유사하다면, 대상들을 자의적이지 않게 유사성을 기준으로 묶는 것은 불가능하다. 한 가지 가능한 대응은 '어떤 측면에서' 유사한지를 고려하는 것이다. 그러나 쿤은 이런 노선을 채택하지 않는다. 만일 어떤 것이 다른 것과 어떠한 측면에서 유사한지를 말할 수 있다면, 쿤이 거부하는 추상적 규칙이나 원리로 회귀할 것이기 때문이다(Kuhn, 1974/1977: 307). 그 대신 쿤이 호소하는 것은 "유사성에 대한 지각perception of similarity"이다. 이것은 어떤 점에서 비슷한지를 묻기 이전에 직접적으로 혹은 즉각적으로 유사성의 집합을 얻어 내는 방식을 말한다. 그렇다면 유사성에 대한 직접적인 지각은 어떻게 가능한가? 쿤은 이를 해명하기 위해 두 가지를 언급한다. 하나는 차이에 대한 고려이고, 다른 하나는 세계에 대한 우리의 가정이다.

유사성이란 한 집합의 구성원들 사이의 닮음을 뜻한다. 그러나 쿤은 그러한 집단 내 유사성과 더불어, 상이한 집합의 구성원들과의 차이점 또한 고려할 것을 주장한다.

> 내가 여기서 유사성 관계라고 부르는 것은 동일한 집합의 다른 구성원들과의 비슷함뿐만 아니라 다른 집합의 구성원들과의 차이에도 의존한다는 사실에 주의해야 한다. (…) 자연적 일가natural family의 회원 자격을 결정하는 데 적절한 유사성 관계는 2항 관계가 아니라 3항 관계라는 사실을 알지 못하면, 불필요한 철학적 문제들을 만들게 된다.(Kuhn, 1976: 199)

하지만 집단 내 유사성만이 아니라 다른 집단과의 차이에도 주목해야 한다는 쿤의 강조에도 불구하고, 이런 제한은 무차별적으로 적용될 수 없다. 우리는 한 대상의 유사성 관계를 파악하기 위해 그것이 속하지 않은 모든 집합의 구성원들과의 차이를 고려할 수는 없기 때문이다. 또한 차이 관계를 고려하는 데에도 적절한 제한이 가해져야 한다. 쿤은 차이에 대한 고려는 대조 집합contrast set으로 국한한다. 대조 집합이란 동일한 상위 범주에 속하는 모든 하위 범주들을 말한다. 예컨대, 물새들의 개념을 배우는 경우, 거위, 오리, 백조는 하나의 상위 범주에 속하는 하위 범주들이고, 이들은 서로 대조 집합을 이룬다. 어떤 대상이 거위 개념에 속하는 것은 그것이 거위 범주에 속한 다른 대상들과 유사할 뿐 아니라, 오리나 백조의 범주에 속한 대상들과 다르기 때문이다. 이렇게 대조 집합을 통해 가족유사성 이론을 방어하면서, 쿤은 대조 집합에 속한 개념들이 동시에 학습되어야 한다고 강조한다. 조니는 거위, 백조, 오리의 개념을 함께 배운다. 이는 물새들의 유사성과 차이 관계에 의해 그들을 하나의 유사성 집합 혹은 분류 체계 아래로 포섭할 수 있었기에 가능한 것이었다.

> 하나의 자연 종-용어의 지시체를 확립하기 위해서는 그 종의 여러 구성원들뿐 아니라 다른 종의 구성원들, 즉 그 용어가 잘못 적용될 수도 있는 사례들에도 노출되는 것이 필요하다.(Kuhn, 1979/2000: 200)

그런데 모든 것은 다른 것과 유사할 뿐 아니라 다르기도 한 것이 아닐까? 어떤 것이 임의의 다른 것과 유사하기도 하고 또 다르기도 한 것이라면, 차이에 대한 고려가 문제를 해결할 수 있는지 의문스럽다. 쿤은 이 지점에서 비트겐슈타인의 한계를 다음과 같이 지적한다.

> 비트겐슈타인은 (…) 그가 윤곽을 가린 명명 절차를 뒷받침하기 위해 어떤 종류의 세계가 필요한지에 대해 거의 아무것도 말해주지 않는다.(*SSR*, 45)

가족유사성 이론이 가능하기 위해서는 세계에 대한 어떠한 조건이 필요하다. 그것은 바로 가족유사성 집합들 사이에 존재하는 "텅 빈 지각적 공간"이다(*SSR*, 197, fn. 14). 예컨대, 오리 개념의 외연은 오리보다 거위나 백조를 닮은 사례 앞에서 끝이 난다. 오리를 거위나 백조로부터 구분하기 위해서는, 오리 또는 다른 물새들과 비슷한 정도로 닮은 어정쩡한 사례들이 존재하지 않아야 한다. 즉, 오리와 거위, 백조 사이의 지각적 공간은 비어 있어야 한다. 차이에 대한 고려와 함께, 쿤은 세계의 상태에 대한 가정을 추가함으로써 가족유사성 이론과 그 이론의 확장을 옹호했다.

사례들 사이의 유사성에 대한 직접적인 지각에 기초한 분류와 범주화라는 관념을 범례들과 문제 상황들 사이의 유사성에 대한 지각으로 확장함으로써, 쿤은 패러다임 개념에 한층 더 분명한 의미를 부여할 수 있게 되었다. 이러한 패러다임의 의미는 그가 「본질적 긴장」에서 과학교육에 대해 성찰하면서 고려한 측면을 세련되게 만들었다. 이는 패러다임 개념의 발견과 그 완성이 쿤의 개념 이론의 발전 과정과도 분리될 수 없음을 잘 보여 준다. 쿤이 과학교육의 통찰에서부터 비트겐슈타인을 인용한 『구조』를 거쳐, 「패러다임에 대한 재고」에서 패러다임을 명료화하는 데 이르기까지는 그가 개념에 대한 가족유사성 이론을 확장하고 정교화하는 과정이었다.

개념 이론을 통한 공약불가능성의 해명

패러다임 개념을 둘러싼 논쟁은 비교적 일찍 잦아든 반면,

공약불가능성은 상대주의와 비합리성의 원천으로 지목되며 지속적인 논쟁의 소재가 되었다. 쿤이 미출판 원고들과 저술에서 마지막까지 해명하고자 했던 것이 바로 공약불가능성의 본성과 그 철학적 의의였다. 그러나 그가 공약불가능성의 관념을 제시하는 방식은 단일하지 않았고, 적어도 두 차례 변화한 것으로 보인다. 이 절에서는 『구조』에서 도입된 공약불가능성의 초기 개념, 1970년대의 중기 개념, 그리고 1980년대 이후의 후기 개념을 순서대로 살펴보며, 공약불가능성 개념의 발전 과정을 간략히 재구성한다.

공약불가능성은 "무엇과 무엇이 공약불가능하다"는 주장을 담은 이항관계적 개념이다. 『구조』에서 공약불가능성의 관계항은 패러다임 혹은 정상과학의 연구 전통이다. 즉, 혁명 이전과 이후의 패러다임은 서로 양립불가능할 뿐 아니라 공약불가능하다. 그런 경우, 경쟁 패러다임 간의 선택은 "논리와 중립적 경험에 의해 강제"될 수 없고, 혁명이 완수되기 위해서는 대중 설득과 유사한 과정을 거쳐야 한다. 쿤은 이 과정을 '형태 전환'이나 '개종 경험'에 비유하기도 함으로써, 상대주의자라는 혐의를 자초하기도 했다. 『구조』에 제시된 공약불가능성은 다차원적으로, 방법론적·개념적·지각적 차원 등을 포괄한다(*SSR*, 148-150). 첫째, 방법론적 차원에서, 과학혁명 이후 풀어야 할 문제들과 해결책의 표준들이 변화한다. 이를 이언 해킹Ian Hacking은 "주제 공약불가능성"이라고 불렀다(Hacking, 1983). 둘째, 개념적 혹은 의미론적 차원에서 개념의 외연과 내포가 변화한다. 셋째는 가장 논란이 되었던 세계 변화에 관한 논제다. 쿤에 따르면, "경쟁 패러다임의 옹호자들은 서로 다른 세계에서 연구를 수행"하고(*SSR*, 150), "패러다임이 변화할 때, 패러다임과 함께 그들의 세계 자체도 변화한다"(*SSR*, 111).

공약불가능성 논제는 숱한 논쟁을 불러일으켰다. 우선, 각각의 측면에서 공약불가능성이 실제로 성립하는지가 문젯거리였고, 실제로 성립하는 경우 그것이 가지는 비합리주의 혹은 상대주의적 함의에 대해 많은 이가 심각한 우려를 표명했다. 게다가 세 가지 이질적 측면을 '공약불가능성'이라는 말로 적당히 이름 붙인 것이 아닌가 하는 의문도 제기되었다(Hoyningen-Huene, 1990). 즉, 『구조』에서 제시된 공약불가능성의 여러 측면에 대해 쿤이 통합적 분석을 제시하지 못했다는 것이다. 공약불가능성을 둘러싼 철학자들의 논쟁은 주로 의미론적 측면에 초점을 맞추었고 쿤도 언어적 차원에 의존하여 비판에 대응했기 때문에, 쿤은 공약불가능성의 다른 측면들을 포기한 것으로 보거나 혹은 공약불가능성의 개념 자체를 수정한 것으로 보이기도 하며, 이러한 수정이 바람직한 것인지에 대해서는 의견을 달리할 수도 있다.[3] 그러나 쿤의 사상적 발전 과정을 파악하려는 관점에서 볼 때, 쿤의 초점은 개념적·언어적 변화에 있었지만 다른 측면들과도 긴밀히 연결된 공약불가능성의 개념을 제시하려 했던 것으로 보인다. 개념적·의미론

3 일부 철학자들(Chang, Golinski)은 방법론적 측면이 공약불가능성에서 핵심적 내용임을 강조하고, 이러한 측면을 되살려야 과학사의 변천 과정을 더 잘 이해할 수 있다고 주장한다.

적 공약불가능성은 세계 변화 논제를 떠받치는 역할을 수행하며, 방법론적 차원은 개념적 차원에 의존하는 것으로 간주된다. 여기서는 쿤의 공약불가능성 개념이 변천하는 과정에서 개념 이론의 역할에 주목한다.

『구조』 이후 쿤은 공약불가능성 개념의 모호성을 인지하고, 1970년대에 여러 비판에 대응하는 과정에서 그 개념을 명료화하고자 했다. 이 시기를 쿤의 중기 철학이라고 부를 수 있는데, 공약불가능성의 관계항이 달라졌다는 점과 '번역'이 중요한 이론적 도구로 채택된다는 점이 중기 철학의 주요 특징이다. 먼저 쿤은 공약불가능성을 패러다임들 간의 관계가 아니라, 이론들 사이 혹은 언어들 사이의 관계에 대한 용어로 국한해 사용하기 시작한다. 자연스럽게 공약불가능성은 주로 의미론적 차원에서 논의된다. 이러한 변화는 앞에서 다룬 바 있는 쿤의 언어적 전회의 중요한 한 측면이다. 쿤은 패러다임보다는 이론에 관해 이야기했으며, 자연스레 혁명적 변화나 공약불가능성도 과학이론들 사이의 관계로서 이해되기 시작했다.

둘째, 쿤은 의미론적 공약불가능성과 W. 콰인이 주장한 번역불확정성 사이의 유사성을 여러 차례 지적하면서, 번역불가능성의 개념을 통해 공약불가능성을 해명하려고 한다(Kuhn, 1970b/2000: 164-165; Kuhn, 1976: 191; *SSR*, 202, fn. 17). 쿤은 "놀랄 것도 없이, 오늘날 완벽한 번역이 무엇인지, 그리고 실제 번역이 얼마만큼 이상적인 번역에 가까이 갈 수 있는지 하는 깊고도 해결되지 않은 문제가 있다"고 지적한 후, 곧바로 콰인의 말을 인용한다.

> 최근에 콰인은 "[번역을 준비하기 위한] 분석적 가설들의 경쟁 체계들이 관련 언어들 내의 모든 발화 성향에 들어맞지만, 수많은 경우에 전혀 상이한 번역을 지시dictate할 수 있다. (…) 그러한 두 번역은 진리에서조차 명백하게 상반될 수도 있다"고 결론지었다. (…) 이론 사이든 언어 사이든 번역은 왜 어려운가? 왜냐하면 언어는 세계를 각기 다른 방식으로 쪼개며, 우리는 언어에 대한 중립적인 보고 수단에 접근할 수 없기 때문이다. 원초적 언어의 번역에 착수한 언어학자가 원주민이 토끼를 보았기 때문에 '가바가이'라고 발화했다는 것을 손쉽게 발견해 낸다고 할지라도, '가바가이'가 어떻게 번역되어야 하는지를 찾아내기가 더 어렵다고 콰인은 지적한다. (…) 여러 대안 중에서 선택하는 일과 관련된 증거는 추가적 탐구에서 나타날 것이고, 그 결과는 합리적 분석을 통해 도출된 가설이 될 것이다. 그러나 그것은 단지 하나의 가설이다. (…) 어떤 오류의 결과가 나중에 의사소통의 어려움을 가져올 수도 있고, 실제로 어려움이 발생하면 번역에 문제가 있는지, 만약 그렇다면 근본적인 난점은 어디에 있는지는 분명치 않게 될 것이다.(Kuhn, 1970b/2000: 164-165; Quine, 1960: 73)

쿤은 언어 간 번역의 어려움을 염두에 두고, 이것을 공약불가능성을 해명하는 밑천으로 삼았다. 공약불가능성이라는 개념을 이론들에 적용하면서 "두 이론이 완전히 표현될 수 있고, 그들을 조목조목 비교하는 데 사용될 수 있는 공통의 언어가 존재하지 않는다는 것”(Kuhn, 1976: 191)을 의도한 것이다. 물론 『구조』에서도 이미 중립적 언어에 대해 부정했지만, 이를 공약불가능성과 직접 연결하지는 않았다. 그러나 쿤의 후기 철학에서는 언어 간 번역의 문제가 공약불가능성과 직접 연결된다. 우선, 번역은 이론들을 직접 비교하기 위한 전제 조건으로 간주된다. 이론들을 “조목조목 비교하려면 적어도 두 이론의 경험적 귀결들이 손실이나 변화 없이 번역될 수 있는 어떤 언어가 요구”되기 때문이다(Kuhn, 1970b/2000: 162). 그래서 이론을 비교하는 문제는 부분적으로 번역의 문제가 된다. 그런데 혁명을 전후하여 그런 중립적 언어는 존재하지 않는다. 왜냐하면 “번역이란 언제나 타협을 포함”하기 때문에 “한 이론에서 다른 이론으로 전이되는 과정에서 단어는 그 의미 혹은 적용 조건이 미묘하게 바뀌기” 때문이다(Kuhn, 1970b/2000: 162-164). 한 이론의 언어를 다른 언어로 정확히 옮길 수 없는 번역의 실패가 곧 공약불가능성의 핵심이 되고, 이것이 이론 간의 직접적 비교를 어렵게 하는 이유가 된다.[4]

왜 혁명을 전후해서 이론들은 (혹은 그 이론의 언어들은) 서로 번역할 수 없을까? 단적으로 말하면, 혁명 이전과 이후의 이론들이 다른 존재론적 범주ontological category의 체계를 가지고, 그 이

4 쿤은 이후에 콰인의 번역불확정성과 자신의 공약불가능성의 차이를 분명히 인식한다. 말하자면, 번역불확정성은 복수의 가능한 번역이 존재함을 뜻하지만, 공약불가능성은 온전한 번역이 존재하지 않음을 말한다(Kuhn, 1976: 191; Kuhn, 1983).

론의 언어들이 세계를 다른 방식으로 재단하기 때문이다. 쿤에 따르면, "모든 혁명의 한 가지 공통점은 유사성 관계들 중 일부가 변한다는 데 있다"(Kuhn, 1970b/2000: 172). 즉, 유사성 관계가 변화하고, 그에 따라 동일한 용어가 세계와 관련을 맺는 방식이 변화함에 따라 번역에 실패하는 것이다. 이렇게 1970년대 쿤의 중기 철학에서 번역불가능성으로서의 공약불가능성이라는 관념과 그 원인으로서의 분류 범주 및 유사성 관계의 변화라는 기본적인 도식이 나타난다. 그러나 이는 일종의 과도기적 단계다. 번역 과정에 대한 세부적인 분석이 없을 뿐 아니라, 유사성 관계의 변화, 의미 변화, 그리고 번역 실패가 맺는 정확한 관계가 무엇인지에 대해서도 구체적으로 설명되지 않았기 때문이다. 특히, 개념의 가족유사성 이론이 밑바탕에 놓여 있기는 하지만, 표면적으로는 언어 간의 번역에 초점을 맞추고 있기 때문에, 이 단계에서 공약불가능성이 개념 이론과 맺는 관계는 모호하다.

1980년대에 이르면 쿤은 번역불가능성의 개념을 보다 명료하게 정립하면서, 공약불가능성에 대한 한층 더 세련된 입장을 선보인다. 첫째, 쿤은 중립적 관찰 언어로의 번역이 아니라 두 언어 간 상호 번역에 호소한다. 그래서 "두 이론이 공약불가능하면, 그것들은 서로 번역될 수 없는 언어들로 진술되어야 한다"(Kuhn, 1983: 669). 둘째, 번역불가능성의 국소성이 명시적으로 강조된다. 쿤은 번역이 실패하는 용어들을 상호 규정된 일부 용어들의 집합에 국한함으로써, 자신이 본래 의도한 것이 '전면적' 공약불가능성이 아니라 '국소적' 공약불가능성이었다고 주장한다. 따라서 번역이 불가능한 용어들은 일부에 국한된다. 쿤은 번역이 가능하고 의미가 보존되는 용어들을 허용함으로써, 공약불가능성이 합리적인 이론 간의 비교를 가로막는다는 비판에 대응한다. 물론 이것은 쿤이 공약불가능한 두 이론 사이의 합리적 비교가 가능하다는 주장을 1980년대에 처음 제시했다는 뜻은 아니다. 예컨대 『본질적 긴장』(1977)에 수록된 「객관성, 가치 판단, 그리고 이론 선택」에서 쿤은 알고리듬적 규칙이 아니라 인식적 가치에 의한 이론 선택이 과학에서 실제로 작동하는 합리성을 보여 준다고 주장한다.[5] 그러나 가치에 의한 이론 선택을 통한 합리성 옹호는 쿤이 제안한 공약불가능성 개념 자체의 명료화를 동반한 것은 아니었다. 1980년대 이후 쿤은 명시적으로 자신의 공약불가능성을 '국소적' 형태의 '번역불가능성'으로 제시하고, 이를 통해 의사소통 가능성과 비교 가능성을 주장하게 된다.[6] 셋째, 중요한 이론적 진전은 번역의 두 가지 뜻을 구분하는 데에 있다. 번역은 좁은 의미에서 기계적인 번역을 뜻할 수도 있고, 넓은 의미에서 해석적 작업을 뜻할 수도 있다. 이 중에서 전자만이 공약불가능성과 직접 연

---

5 이런 생각의 단초는 「비판에 답하여」(Kuhn, 1970b/2000)와 『구조』 2판의 「후기-1969」에서도 찾을 수 있다.

6 물론 쿤은 「후기-1969」에서 이미 공약불가능한 이론의 옹호자들 사이에도 상당한 정도의 공유가 이루어질 수 있음을 주장하였다. 그러나 당시 쿤의 '번역' 개념에는 나중에 그가 '번역'과 '해석'으로 분리하는 상이한 두 개념이 혼재되어 있었다. 따라서 쿤이 전기 철학에서 공약불가능성을 국소적 번역불가능성으로 제시했다고 보기는 어렵다.

관되는데, 두 이론은 기계적 번역이 불가능한 두 언어로 진술된 경우에는 공약불가능하다. 그러나 기계적 번역이 불가능한 경우에도 우리는 해석을 통해 낯선 문헌과 문화를 이해할 수 있다. 이런 점에서 "콰인의 원초적 번역자는 사실 해석자다"(Kuhn, 1983: 672). 기계적 번역이 원본 속의 단어와 구절을 대체하는 과정이라면, 해석은 오히려 새로운 언어를 배우는 습득 과정과 유사하다. 그리고 이러한 기계적 번역과 해석의 구분을 통해, 쿤은 공약불가능한 이론의 옹호자들 사이의 의사소통이 가능하고, 또한 공약불가능한 이론들 사이의 합리적인 비교도 가능하다는 것을 주장한다.

여기서 우리는 번역불가능성과 분류 체계의 연결을 주목해야 한다. 쿤은 어떤 경우에 번역이 불가능한지 설명하기 위해 어휘집과 분류 체계에 대한 이론을 발전시킨다. 쿤은 「과학혁명이란 무엇인가?」라는 논문에서, 과학혁명을 "과학적 기술과 일반화의 전제 조건인 분류 범주들의 변화"로 특징짓는다(Kuhn, 1987/2000). 이러한 변화는 "범주화와 관련된 기준의 조정일 뿐 아니라, 주어진 대상과 상황이 기존 범주들로 분류되는 방식의 조정"이기도 하기 때문에 혁명적 변화는 전체론적 성격을 갖는다(Kuhn, 1987/2000: 30). 하나의 이론은 분류 구조를 구성하는 분류 범주들의 집합을 포함하고, 관련 과학공동체는 그에 상응하는 하나의 어휘집, 즉 "같은 분류 구조를 갖는 어휘들의 네트워크"를 공유한다. 따라서 과학혁명은 더 이상 패러다임 변동이 아니라, 어휘집의 변화lexical change이자 분류학적 전환taxonomic shift으로 묘사된다(Kuhn, 1991/2000; 1993). 바로 이러한 분류 체계의 변화가 번역을 불가능하게 만드는 것이다. 왜냐하면 번역은 어휘집의 구조적 동형성이 성립하는 경우에만 가능하기 때문이다. 따라서 공약불가능성이란 분류 체계의 변화로 인해 번역이 실패하는 상황을 말한다.[7] 물론 분류학적 변화가 언제나 번역의 실패를 가져오는 것은 아니다.

그렇다면 혁명 시 발생하는 분류 체계의 변화는 무엇이 특별한가? 여기에서 쿤은 종-용어에 대한 중첩 금지 원리의 역할에 주목한다. 공약불가능성을 주장하면서 모든 용어가 아니라 제한된 부류의 용어들, 즉 한 언어공동체가 자연종, 인공종, 사회종 등에 대해 갖는 종-용어들(혹은 분류학적 용어들)에 관심을 가졌다. 중첩 금지 원리에 따르면, 동일한 대조 집합에 속하는 어떠한 두 종-용어도 중첩되는 지시체를 가질 수 없다(Kuhn, 1991/2000: 92; Kuhn, 1993: 319). 예컨대, 어떤 가축이 말이면서 동시에 소일 수는 없고, 어떤 물새가 오리이면서 동시에 거위일 수는 없다.[8] 종-

---

7 어휘집에 대한 일반적 설명은 3장에 제시되었다.

8 중첩 금지 원리는 본래 대조 집합에 대한 조건을 달지 않고 제안되었다. 어떤 두 종-용어도 겹치는 지시체를 가질 수 없다는 조건이었기 때문에, 원래 형태의 중첩 금지 조항은 지나치게 엄격하다. 해킹이 지적했던 것처럼, 독미나리는 독이면서 동시에 채소일 수 있다(Hacking, 1993). 이런 상황을 배제하기 위해 쿤은 중첩 금지 원리가 대조 집합에 속하는 범주들 사이에 적용되는 것으로 입장을 수정한다. 그러면 해킹의 문제 제기를 피할 수 있을 뿐 아니라, 어떤 대상이 강아지이면서 동시에 치와와인 경우도 중첩 금지 원리를 위배하지 않게 된다. 쿤의 입장에서

용어의 특징 중 하나는 그것이 개별적으로 정의되지 않기 때문에 다른 용어들과 함께 학습해야 한다는 점인데, 이러한 종-용어들의 상호연결성은 국소전체론을 뒷받침하는 근거가 된다. 만일 분류 체계를 수정해야 하는 커다란 변화에 직면한 경우, 중첩 금지 원리를 위배하지 않고 분류 체계를 자연스럽게 확장할 수 있는 방법이 없다면 한 언어공동체의 분류 체계는 재조직되어야 하고, 그 경우 번역은 불가능해진다. 분류 체계의 일치는 과학적 기술과 의사소통을 위한 전제 조건이므로 분류 체계가 불일치하는 곳에서 발생하는 번역불가능성이 곧 공약불가능성이다.

지금까지 살펴본 것처럼 패러다임 개념의 명료화 과정은 쿤의 개념 이론이 확장되는 과정에 의존해 이루어졌다. 마찬가지로, 공약불가능성의 해명 과정 역시 개념 이론의 발전과 분리될 수 없다. 먼저, 다양한 차원의 공약불가능성 논의가 개념적 공약불가능성으로 축소된 의미를 되짚어 볼 필요가 있다. 논의가 이렇게 전개된 것에는 여러 이유가 있을 수 있는데, 쿤이 단지 까다로운 다른 차원들을 배제했기 때문만은 아니다. 당대 철학자들은 의미론적 공약불가능성을 가장 시급히 논의해야 하는 주제로 간주했다. 즉, 그것에 찬성하든 반대하든 간에, 용어의 의미론을 둘러싸고 논의가 진행되었다는 것이다(Davidson, 1974; Field, 1973;

보면 이런 수정이 심각한 후퇴는 아닌데, 강아지-치와와의 사례와 같은 것들은 분류 범주의 재조직화를 요구하지 않고 하나의 분류 체계에 포섭할 수 있기 때문이다.

Putnam, 1981). 그러나 쿤의 관점에서 보면, 개념적 차원은 다른 차원들을 통합할 수 있는 기초를 이루는 것이었다. 이렇게 볼 근거로는 적어도 다음의 세 가지를 들 수 있다.

첫째, 과학혁명의 가장 핵심적이고 원초적인 형태는 개념적 변형이다. 과학혁명의 성격을 다루는 『구조』의 9장에서, 쿤은 "이미 확립되고 친숙한 개념들의 의미를 변화시켜야 할 필요성"이 아인슈타인의 상대성이론 혁명의 핵심이라고 주장한다(*SSR*, 102). 쿤은 이 사례를 과학혁명의 원형으로 간주하는데, 이는 새로운 존재나 개념을 도입하지 않고도 혁명적 변화를 겪은 경우이기 때문이다. 이때 과학혁명은 "과학자들이 세계를 바라보는 개념적 네트워크의 변화"로 이해되고, 이것이 곧 혁명적 변화의 원형이 된다. 둘째, 방법론적 공약불가능성은 어느 정도 개념적 차원의 공약불가능성에서 부산물처럼 따라 나온다. 새로운 이론이 세계를 다르게 분류하면, 기존 문제 중 일부는 의미를 잃을 수도 있고, 새롭게 풀어야 할 문제가 도출되기도 하기 때문이다. 따라서 언어적 차원에서만 공약불가능성을 논의한 파이어아벤트와의 차이는 상당히 좁혀진다. 쿤은 이렇게 고백한다. "[파이어아벤트는] 공약불가능성을 언어로 제한했다. 나는 '방법, 문제 영역, 그리고 해답의 표준'에서도 차이에 대해 말했다. 이제 나는 그런 차이가 언어 학습 과정의 필연적 결과인 경우를 제외하고는 그것들에 대해 말하지 않을 것이다"(Kuhn, 1983: 684, n. 3). 셋째, 쿤의 후기 철학에서 우리가 경험하는 세계는 어휘집의 구조에 의해서 제약된다(Kuhn, 1991/2000; 1993). 한 공동체가 공유하는 개념적·분류학적 구조를 담지하고 있는 어휘집은 그 공동체의 일원들이 세계를 경험하고, 기술하고, 흥미로운 일반화를 이끌어 내기 위한 전제 조건이다. 그러므로 어휘집의 변화는 곧 경험과 세계의 변화를 가져올 수 있다.

결국 쿤은 개념적·의미론적 공약불가능성에 집중함으로써 보다 정합적인 방식으로 공약불가능성의 개념을 해명하고자 했다. 이때 개념적·의미론적 공약불가능성은 과학공동체가 공유하는 분류 체계와 어휘집이 급진적으로 변형되어 두 어휘집 사이의 번역이 불가능해지는 것을 뜻한다. 분류 체계와 어휘집에 대한 이론을 개념 이론의 확장으로 간주할 때, 우리는 공약불가능성을 해명하려는 쿤의 시도가 개념 이론에 의해 뒷받침되었다고 결론을 내릴 수 있다.

자연주의자 쿤

자연주의의 현대적 지형 위에 쿤을 위치시키는 일은 쿤이 경계했던 휘그적 역사 서술에 취약할지도 모른다. 다만, 쿤이 현대적 형태의 자연주의 과학철학의 선구자라면, 어떤 의미에서 그런지를 간략하게 서술할 필요는 있겠다. 자연주의 과학철학의 핵심 논제는 과학과 철학이 단절적이거나 이분법적으로 구분되지 않는다는 데 있다.[9] 이는 과학을 철학적 성찰의 대상으로 삼는 과학철

9 '자연화된 과학철학(naturalized philosophy of science)'이라는 표현을 사용하기도 한다.

학 분야의 일반적 특징으로 볼 수 있는, 과학과 철학의 느슨한 연속성 그 이상을 말한다. 물론 과학에 관한 철학적 성찰을 위해서는 과학 지식과 활동에 관한 깊은 이해가 필요하다. 예컨대, 현대 시공간 철학을 위해서는 일반상대성이론을, 생물철학을 위해서는 진화론이나 유전학을 깊이 있게 이해해야 한다. 사실 철학을 과학에 관한 메타 담론으로 간주하는 소위 "과학적 철학"의 전통에서도 어느 정도의 연속성은 받아들일 수 있다(이정민, 2012). 그러나 자연주의 과학철학은 이를 넘어, 경험과학의 탐구 방법이 철학을 수행하는 적법한 방법이 될 수 있다고 주장한다. 즉, 과학과 철학의 방법론적 연속성이 자연주의 과학철학의 핵심이다. 그렇다면 우리가 과학의 방법론을 시험하는 것과 같은 방식으로 과학철학의 방법론도 시험할 수 있는데, 과학이론이 자료에 의해 평가되듯이 과학철학의 이론은 과학의 역사, 과학의 실제 활동, 과학적 인지에 대한 경험 연구, 과학에 대한 사회학적 사실 등에 의해 평가될 수 있다(Stump, 1992).

과학철학을 자연화하는 방법으로는 크게 두 가지가 주로 논의되었다. 하나는 래리 라우든Larry Laudan이 제안한 과학의 역사에 의존하는 역사적 자연화이고, 다른 하나는 로날드 기어리Ronald Giere가 제안한 인지과학에 의존하는 인지적 자연화다(조인래, 2006). 라우든의 역사적 자연화 노선은 과학의 방법론적 규칙이 과학사에 비추어서 평가되어야 한다고 본다(Laudan, 1987). 여기서 과학의 방법론적 규칙은 정언명령이 아닌 가언명령의 형태로 이해될 수 있다. 예컨대, "x를 해야 한다"는 방법론의 규칙은 무조건적으로 따라야 할 규칙이 아니라 "목표가 y라면 x를 해야 한다"는 조건부 규칙이다. 그렇다면 그러한 규칙의 평가는 그 목표를 얼마나 효과적으로 달성했는지에 따라서 결정된다. 과학의 역사에서 특정한 방법론적 규칙이 어떠한 목표에 도달하는 데 기여했다는 역사적 증거를 얻으면, 그 규칙은 정당화된다. 과학 방법론은 역사적 증거의 평가를 받는다는 점에서 자연화된다. 한편, 기어리의 인지적 자연화 노선은 인간이 세계와 상호작용하기 위해 갖추고 있는 인지능력에 대한 경험적 연구 결과를 바탕으로, 과학자들의 판단이 (베이즈Bayes적 최적화 모형을 따르기보다는) 허버트 사이먼Herbert Simon의 만족화 모형에 따른다고 본다(Giere, 1988). 이 경우, 과학자들의 의사 결정은 인지과학과 심리학의 연구들을 토대로 자연화된다.

쿤의 자연주의는 역사적 사례와 심리학의 경험 연구 모두에 의존한다는 점에서, 네르세시안이 채택하는 인지-역사적 접근의 선구적 형태로 볼 수 있다(Nersessian, 2008). 쿤은 자신의 과학 발달 모형이 상세한 역사적 사례 연구와 더불어 개념과 추론에 관한 경험적 연구들로부터 지지받을 수 있다고 보았다.

지금까지 우리는 패러다임과 공약불가능성 개념의 발전 과정을 간략히 살펴보았다. 과학적 개념들의 습득 과정을 설명하는 데서 출발한 패러다임 개념은 『구조』에서 다양한 의미로 사용되었으나, 이후 범례라는 고정된 의미를 지니게 되었다. 공약불가능성은 『구조』에서는 통합된 설명 없이 세 가지 측면을 지니는 것으로 기술되었지만, 이후 국소적 번역불가능성을 뜻하게 되었다. 그리고 패러다임과 공약불가능성의 발달 과정에는 개념에 대한 가족유사성 이론의 확장과 발전이 그 밑바탕에 깔려 있다. 범례로서의 패러다임은 과학적인 문제 상황들의 유사성 지각이라는 관념에 기초해 정의된다. 번역불가능성으로서의 공약불가능성도 유사하다. 번역의 실패는 어휘집과 분류 체계의 변화에 기인하고, 이는 궁극적으로 개념을 구성하는 유사성 관계의 변화에 달려 있다. 유사성 관계의 변화로 인해 개념의 외연과 내포가 변화할 수 있고, 번역이 불가능해지며, 관련된 지식이 변화하고, 문제영역도 이동하게 된다. 물론 패러다임과 공약불가능성이라는 두 개념의 발달 과정을 간략히 살펴봤다고 해서, 쿤 철학의 온전한 모습을 전부 드러냈다고 볼 수는 없다. 그렇지만 쿤 철학에서 핵심적인 두 개념에 대한 고찰은 쿤의 자연주의적 면모를 드러내기에 충분하리라 생각된다.

5. 자연주의적 해석

쿤은 자신의 철학을 발전시키기 위해 일찍부터 역사적 사례 연구와 경험심리학 연구에 주목했고, 이후에도 사상의 핵심 부분인 패러다임과 공약불가능성을 해명함에 있어서 경험적 성격의 개념 이론에 의존한 자연주의자였다. 그렇다고 해서 그의 제안이 완성된 형태라거나 추가적인 발전의 여지가 없다고 말할 수는 없다. 그가 생전에 활용할 수 없었거나, 존재했지만 활용할 생각을 하지 못한 경험 연구들이 지금은 상당히 축적되어 있다. 우리는 쿤이 멈춰 선 자리를 넘어, 쿤의 자연주의적 접근을 통해 그의 통찰을 더 밀고 나아갈 수 있다. 이 장에서는 쿤의 자연주의 철학을 더욱 발전시키는 몇 가지 방법을 검토해 본다.

패러다임에 대한 버드의 자연주의적 해석

버드는 쿤의 초기 주장이 도발적이지만 잘못되었고, 그의 후기 작업들은 그보다 더 존중받을 만하다는 견해에 반대하며, 쿤 철학에서 『구조』 1판에 드러난 통찰만이 오랜 가치를 지닌다고 본다(Newton-Smith, 1981: 102-124). 그래서 자연주의에서 멀어지는 쿤의 언어적 전회는 잘못된 것으로 비판하지만,[1] 패러다임에 대한 쿤의 초기 견해는 자연주의적 관점에서 발전시키는 것이 가능하다고 보며, 특히 인지과학과 경험심리학적 연구를 활용한 자연주의적 패러다임 개념을 제안한다(Bird, 2005; 2012). 쿤은 『구조』에서 패러다임 용어가 여러 의미로 사용되고 있다는 비판을 받은 후, 『구조』 2판에 첨부된 「후기-1969」와 이후 출판된 「패러다임에 대한 재고」에서 넓은 의미의 패러다임인 '전문분야 행렬'과 좁은 의미의 패러다임인 '범례'를 구분하고, 패러다임은 가장 중요한 의미에서 범례를 뜻한다고 밝힌 바 있다. 그리고 버드는 범례로서의 패러다임이 쿤의 철학에서 가장 통찰력 있고 중요한 기여이며, 그러한 통찰은 유비 추론analogical reasoning, 사례 기반 추론, 연결주의 신경망의 패턴 인식 등에 대한 경험적 연구들의 도움을 받아 더 정교화될 수 있다고 주장한다.

기능 차원에서 보면, 패러다임은 사실 사회학적 개념이다. 쿤은 그 개념을 도입한 계기를 서술하면서 사회과학자들의 빈번한 이견 제시와 달리, 자연과학자들 사이에서는 근본적인 수준에서의 합의와 신속한 의견 일치가 가능한 것은 공유된 패러다임 덕

1 그러나 앞에서 우리는 언어적 전회가 반자연주의로의 변화를 포함하지 않음을 보았다.

분이라고 보았다. 패러다임은 전문가 공동체에서 일정 기간 동안 모범적인 문제와 그 해결책을 제공해 주는, 널리 인정된 과학적 성취이며, 그것을 공유함으로써 그 공동체 내에서 원활한 의사소통과 신속한 의견 일치가 가능해진다. 그러나 패러다임의 핵심 의미가 그러한 구체적 문제와 해결책의 집합인 범례인 까닭에, 범례에 의존하는 퍼즐 풀이의 심리학적 기능이 사회학적 측면만큼이나 중요하게 다루어질 필요가 있다. 패러다임의 작동에 관한 쿤의 주장을 버드는 다음과 같이 요약한다(Bird, 2005: 102).

> ① 퍼즐을 선택해 해결하고, 제안된 해결책의 질을 평가하는 것은 범례가 되는 퍼즐과 그에 대한 해결책(패러다임)의 유사성을 지각함으로써 이루어진다.
>
> ② 유사성을 지각하는 능력은 범례들을 통한 훈련 과정을 거쳐 획득할 수 있다.
>
> ③ 그러한 능력은 기본적으로 패턴이나 적절한 유사성을 인지하는 능력이다.
>
> ④ 따라서 그 능력은 규칙을 따르는 것에 의해 매개되는 능력이 아니다.

과학 활동이 합리적으로 수행되기 위해서는 합리성의 규칙을 준수해야 한다는 널리 퍼진 견해에 맞서, 쿤은 선험적인 과학적 방법이나 규칙이 아니라 과학공동체가 받아들이는 범례(모범적인 퍼즐과 그 해결책)를 체득하고, 그것과의 유사성을 인지하는 능력을 획득하는 것이 합리적이고 생산적인 과학 활동의 근간이라고 주장한다. 비록 쿤은 범례로서의 패러다임 개념을 더 정교하게 만들지는 못했지만, 우리는 인지과학의 경험 연구들을 통해 규칙이나 원리가 아니라 범례에 의존하여 연구 활동을 수행하는 과학자들의 인지 및 추론 과정에 관해 더 잘 이해할 수 있다.

쿤의 패러다임을 자연화하는 작업이 더 진전을 거두지 못한 이유 가운데 하나는 당시 심리철학, 심리학, 인공지능 분야의 연구들이 대체로 규칙 기반 접근법을 채택하고 있었기 때문이다. 쿤은 「패러다임에 대한 재고」에서 자신이 시도하고 있는 계산 모형을 간략히 언급한 바 있지만, 논리나 일반적인 규칙에 기반한 전문가 시스템expert system이 주도하던 인지과학의 주된 접근법은 쿤이 제안한 범례 기반 접근법에 잘 들어맞지 않았다. 이제 우리는 사례 기반 추론, 유비 추론, 연결주의와 패턴 인식 연구를 통해서 쿤의 통찰을 살려 나갈 방법을 발견할 수 있다.

사례 기반 추론이란 "기억에서 유관한 문제들의 흔적을 인출하고, 그 문제들과 새로운 상황 사이의 대응을 확립하며, 과거의 해결책을 지금 풀고 있는 문제에 적용함으로써" 새로운 문제를 해결하는 것을 말한다(Leake, 1998: 465). 이는 곧 쿤이 관심을 두던 바로 그러한 종류의 학습을 보여 준다. 사례 기반 추론은 본질적으로 유비 추론의 일종이다. 이러한 유비 추론은 일상적인 인지뿐만 아니라 과학적 인지에서도 광범위하게 발견된다(Chi, Feltovich and Glaser, 1981; Gentner, Holyoak and Kokinov, 2001). 유비 추론은 잘 알고 있는 영역의 지식을 토대로 아직 잘 알려지지 않은 영역으로 지식을 확장하는 방법이며, 두 영역 사이의 유사성을 보는 능력에 의해 좌우된다. 그리고 그러한 유사성을 알아보는 능력은 단순히 규칙을 따르는 것으로 얻을 수 없고, 통상 범례들로 축적된 훈련을 통해 획득된다. 그렇다면 패러다임에 기초한 연구 활동에 전념하는 과학자는 사례 기반 추론자의 한 사례로 볼 수 있을 것이다(Nickles, 2003).

그런데 과학에서의 유비 추론은 일상에서의 유비 추론과 달리 매우 복잡하다. 과학에서의 유사성에 대한 인식은 즉각적으로 이루어지기보다는 장기간의 훈련에 의해 얻을 수 있다. 정상과학자(혹은 전문 연구자가 되기 위해 훈련을 받는 과학도)들은 패러다임 문제들과 그들이 현재 해결하려는 문제들 사이의 유사성을 찾아내는 법을 배워야 한다. 이러한 유사성을 볼 수 있게 되면, 패러다임 문제에 대한 해결책은 이제 그들이 매진하고 있는 문제들에 대한 답을 제공하는 것으로 변환될 수 있다. 하지만 그러한 유사성에 대한 지각은 얼굴을 알아보거나 오리-토끼 그림에서 오리를 알아보는 것처럼 단번에 일어나지 않는다. 과학적 인지에서의 패턴 인식은 적어도 두 과정을 거친다. 먼저 지금 해결하려는 문제의 어떠한 추상적인 구조를 발견하는 데에서 출발하고, 그러한 추상적 구조가 우리가 이미 부딪힌 적 있는 문제의 구조와 유사한지 여부를 파악하게 된다. 예컨대, 전건 긍정식modus ponens과 같은 논리적 추론 양식이나 2차 미분방정식의 한 형태와 같은 수학적 구조가 그러한 추상적 구조에 해당할 것이다.

이러한 심리학과 인지과학의 경험 연구들에 의존하여, 버드는 범례에 의존하는 연구 활동이 우리의 인지적 습관cognitive habits 혹은 “준직관적 연결quasi-intuitive connections”을 형성한다고 제안한다(Bird, 2005; 2012). 준직관적 연결은 우리의 인지적 삶에 깊이 뿌리 내리고 있으며, 이를 통해 우리는 다양한 종류의 추론을 수행할 수 있다. 버드는 이러한 준직관적 연결들이 과학공동체의 제2의 본성일 수 있다고 제안한다. 왜냐하면 한 연구공동체의 과학자들은 동일한 범례들의 집합을 통해 훈련받고, 그에 기초하여 추가적인 문제를 해결하기 때문이다. 즉, 공유된 범례들이 유사한 준직관적 연결을 형성한다는 것이다. 그러면 우리는 쿤의 세계를 ‘한 과학공동체의 공유된 준직관적 연결’로서 이해할 수 있게 된다. 패러다임이 변화하면 연결의 패턴 역시 변화한다. 이것이 소위 ‘세계 변화’의 정체다.

범례로서의 패러다임이라는 통찰을 재해석하고 이를 경험적으로 정당화하려는 버드의 시도는 인상적이며, 우리는 그 시도 자체를 반대할 어떤 이유도 없다. 어쩌면 쿤의 범례를 그러한 방식으로 자연화하는 것이 유망한 방식의 하나라는 데 동의할 수도 있을 것이다. 유비 추론, 패턴 인식, 준직관적 인지능력 등이 과학적 인지의 어떠한 선험적 속성이 아니라는 점에서 그것은 자연주의적이다. 그리고 그런 추론능력의 존재와 중요성은 경험적 탐구를 통해 밝혀질 수 있다. 하지만 여기서는 위와 동일한 방식으로 공약불가능성을 자연화하려는 그의 시도가 적절하지 않음을 보이고자 한다.

버드는 세계 변화와 공약불가능성이 심리적인 것으로 가장 잘 이해될 수 있다고 주장한다. 공약불가능성에 대한 그의 심리적 독법에 따르면, "한 사람의 세계는 그에게 뿌리 깊게 자리잡은 패턴 인지능력과 지성의 습관의 집합으로 이해되며, 따라서 그의 암묵적인 가정들도 여기에 포함된다. (…) 세계 변화는 그러한 능력, 가정, 그리고 일반적으로는 연합에서의 변화다"(Bird, 2005: 112). 다시 말해, 공약불가능성은 "주체들이 가진 패턴 인지능력과 인지적 습관에서의 차이" 때문에 발생한다(Bird, 2005: 113). 하지만 공약불가능성에 대한 이러한 심리적 해석에는 두 가지 문제가 있는데, 이는 서로 긴밀히 연결되어 있다.

첫째, 인지적 습관에서의 변화는 대체로 점진적이고 연속적이다. 우리가 사용하는 유비 추론이나 패턴 인식 등에 의해 형성된 준직관적 연결에서의 변화 역시 점진적일 가능성이 높다. 물론 과학자들이 의존하던 범례가 다른 것으로 교체되면, 그에 따라 준직관적 연결이 급진적으로 변화할 가능성을 배제할 필요는 없을 것이다. 문제는 버드의 주장에서 준직관적 연결에서의 변화 가운데 어떤 것이 혁명적인 변화이고 어떤 것이 그렇지 않은지 분명치 않으며, 그러한 구분을 가능하게 만드는 기준도 제시되지 않았다는 점이다. 쿤의 과학철학에서 핵심적인 정상과학과 과학혁명의 구분이 어떻게 가능한지 알려 주지 않는다면, 혁명에 관한 버드의 심리적 독해는 부적절하다. 버드는 과학자들이 패러다임을 공유하는 경우에도 서로 다른 추론을 수행하고, 각기 다른 결론에 도달할 수 있음을 간과하고 있다. 쿤은 과학에서의 가치의 역할을 강조하면서, 동일한 패러다임에 종사하는 과학자들도 단순성이나 정확성 같은 인식적 가치에 대해 서로 다른 해석을 가질 수 있으며, 여러 가치의 중요도를 조정하는 방식도 다를 수 있다고 지적한다(Kuhn, 1977). 왜냐하면 과학자들은 저마다 독특한 기질을 가지며 서로 다른 교육과 훈련을 받았기 때문이다. 개별 과학자들은 자신의 성격이나 교육 등에 따라 다른 판단에 도달할 수 있으며, 그런 의미에서 과학적 판단은 주관적 요소를 포함할 수밖에 없다. 따라서 공약불가능성을 심리적으로 읽어 내려면, 그로부터 정상과학 연구와 혁명적 과학 발전 사이의 구분이 어떻게 가능한지를 밝혀야 한다.

둘째, 세계에 대한 심리학적 독법은 그 자체로 문제를 지닌다. 세계를 심리적인 것으로 특징지으면, 마음과 세계 사이의 간극은 소거된다. 마음이 곧 세계다. 물론 형이상학적으로, 세계에 관한 유심론적 관점을 채택하는 것이 불가능하지는 않다. 그러나 그것이 과학 활동을 이론화하는 작업에서, 게다가 자연주의적인 해석하에서 과연 타당한지는 문제가 된다. 세계의 대상, 속성, 과정, 상호작용, 규칙성을 탐구하는 과학자들은 준직관적 연결이나 그것들의 패턴을 탐구하는 것이 아니다. 그들은 흔히 자신들의 마음 밖에 위치하는 세계의 어떤 것을 다룬다고 말한다.[2] 과학자

2 사실 "마음 밖에 위치하는 세계"라는 표현은 다소 강하다. 이는 실재론을 전제로 하기 때문이다. 쿤에 대한 칸트적 해석에 따르면, 과학자들이 탐구하는 현상 세계는 자극뿐 아니라 마음의 작용에 의해서도 구성된다. 그럼에도 그렇게 구성된 현상 세계가 우리의 인지적 습관과 동일시될 수는 없다.

들은 세계에 대한 지식을 추구하는 것이지, 자신의 인지적 습관에 대한 지식을 추구하는 것이 아니다(물론 인간의 마음을 탐구하는 심리학자들이 존재하지만, 여기서는 예외로 하자). 만일 세계 자체가 심리적이고 주관적이라면, 세계 변화는 어떻게 일어나는가? 한 패러다임에 종사하는 과학자들이 아무리 세계의 여러 측면을 패러다임의 틀에 끼워 맞추기 위해 노력한다 하더라도, 세계의 어떤 측면은 그러한 노력에 저항하기 마련이다. 그것이 바로 변칙 사례들이다. 세계가 혹은 세계와 패러다임의 간격을 상징하는 변칙 사례들이 우리의 믿음에 변화를 일으킨다. 그러나 버드는 세계에 대한 심리적 독법하에서 변칙 사례는 어떻게 발생할 수 있는지, 그리고 결국 과학혁명이 어떻게 발생할 수 있는지에 대해 설명하지 못한다. 세계 변화는 심리적 상태의 변화가 아니라 심리적 변화를 일으킨 원인의 변화여야 한다.

이처럼 세계와 공약불가능성에 대한 심리적 독법이 가진 한계는 왜 쿤이 어휘집의 개념을 도입했는지를 상기시킨다. 어휘집은 분류학적 변화를 동반한 혁명적 발전과 그렇지 않은 점진적 발전을 구별하게 해준다. 그러나 연구공동체의 구성원들이 공유하고 있는 것이 정확히 무엇인지를 점검해 볼 필요는 있다. 쿤에 따르면, "집단의 구성원들을 특징짓는 것은 동일한 어휘집을 소유하는 것이 아니라 동일한 구조를 가지는 어휘집들, 즉 서로 일치하는 구조로 된 어휘집들을 소유하는 것이다. 한 집단을 특징짓는 어휘 구조는 그것을 체현하고 있는 개인들의 어휘집이나 심적 모듈보다는 추상적이며, 그것들과 다른 종류의 것이다"(Kuhn,

1991/2000: 104). 달리 말하면, 한 언어공동체의 구성원들이 공유하는 것은 언어적 구조의 상사성homology이다.

> 분류 기준의 이름표가 붙어 있지 않은 이러한 상사 구조homologous structure가 세계에 대한 분류학적 범주들과 그 범주들 사이의 유사성과 차이점의 관계를 보존한다.(Kuhn, 1983: 683)

쿤에게 과학공동체는 "과학이 발전하는 주된 단위"이고, 그러한 집단과 집단의 활동이 바로 세계를 구성한다(Kuhn, 1991/2000: 103). 따라서 상사적 구조를 가지는 어휘집 혹은 분류 구조를 공유하는 공동체의 활동을 단순히 개인의 심리학적 경향성으로 치환하려는 버드의 노력은 쿤의 통찰과는 거리가 있다.

요컨대, 쿤의 새로운 기여가 범례로서의 패러다임이라는 버드의 주장에는 동의하지 않을 수 없고, 패러다임보다 이론에 집중함으로써 쿤이 자신의 패러다임 개념을 더 정교화하지 못했다는 그의 견해도 일리가 있다. 따라서 버드가 보여 준 것처럼 초기의 패러다임 개념을 자연화하는 것은 쿤을 해석하는 생산적인 방식 가운데 하나다. 하지만 그것은 쿤이 정립한 또 다른 중요한 개념인 공약불가능성을 동일한 방식으로 해석해도 좋다는 것을 함의하지는 않는다. 공약불가능성에 대한 심리적 독법은 중요한 문제들을 해결하지 못하기 때문이다.

과학적 개념에 대한 프레임 이론

쿤의 패러다임 개념을 자연화하는 대안적 시도는 쿤의 개념 이론을 확장하고 수정하는 것이다. 쿤의 사상적 전개 과정이 개념 이론에 기대고 있기 때문에 그러한 개념 이론을 추가적으로 발전시키는 접근은 유망해 보인다. 쿤이 개념 변화의 철학자였다면, 과학적 개념과 개념 변화에 대한 자연주의적 접근은 우리가 추구할 수 있는 방식인 셈이다.

과학적 개념에 대한 인지적 접근에 찬성하는 학자들은 과학 이론에 사용된 이론적 용어를 의미론적 차원에서 분석하는 것을 넘어, 과학적 개념도 심리학과 인지과학에서 일상적인 개념을 다루는 방식과 마찬가지로 다루어질 수 있다고 주장한다(Cheon and Machery, 2016; Giere, 1992; Nersessian, 1984; 1989; 2008; Thagard, 1990). 새거드P. Thagard는 이러한 접근법을 다음과 같이 요약한 바 있다.

> 개념과 개념적 변화의 본성은 인식론의 중요한 주제이며 (…) 인지과학에서 얻어 낸 착상들을 통해 인식론과 과학철학 분야에서 개념적 변화에 대한 해명을 제공할 수 있다.(Thagard, 1990: 256)

이 접근법으로 설명되는 각 이론들은 여러 차이를 보이지만 공통적인 방법론적 전략을 채택한다. 그것은 심리학과 인지과학에서 하나의 개념 이론을 선택하고 그것을 과학적 개념에 적용하는 것이다. 이 절에서는 오랜 기간의 협동 연구를 통해 과학적 변화를 지탱하는 개념적 인지의 메커니즘을 밝히려고 노력한 안데르센, 바커P. Barker, 첸X. Chen의 연구를 검토해 본다(Andersen et al., 1996; Barker et al., 2003; Chen et al., 1998).

안데르센과 바커, 첸은 심리학자 바살루의 프레임 이론을 통해 쿤의 통찰을 발전시킴으로써 "과학적 개념에 대한 동적 프레임 이론Dynamic Frame Theory of Scientific Concepts"이라고 부를 수 있는 매우 흥미로운 이론을 내놓았다. 이 이론은 크게 두 부분으로 나누어 볼 수 있다. 첫째, 경험적으로 지지를 얻는 심리학적 개념 이론으로서 프레임 모형을 채택한다. 둘째, 프레임 모형이 과학에 대한 쿤의 중요한 통찰을 뒷받침할 뿐 아니라, 쿤에게 문젯거리가 되었던 개념적 변화의 문제까지 설명할 수 있다고 주장한다. 그러면 지금부터 이 두 부분을 차례로 검토해 보자.

프레임 이론을 처음 제안한 민스키(Minsky, 1975)에 따르면, 개념은 프레임과 같은 구조를 가지는데, 프레임은 슬롯slot들과 각 슬롯의 값value을 명세함으로써 어떤 대상이나 속성에 관한 정보를 조직한다. 이때 슬롯은 대상이나 속성의 특정한 측면을 표상하고, 여러 가능한 값들 가운데 하나가 하나의 슬롯에 할당된다. 각 슬롯은 그 프레임의 사례에 대한 이용 가능한 정보가 없는 경우 기본값을 가진다. 예를 들어, 사과의 개념은 사과의 프레임을 가지는데, 사과의 프레임은 〈색〉과 〈모양〉이라는 슬롯을 가지고, 〈색〉 슬롯의 그 기본값은 〈빨강〉이며, 〈모양〉이라는 슬롯의 기본값은 〈둥긂〉이다. 바살루(Barsalou, 1992)도 이와 유사하게 특성attributes과 값values을 구분하는데, 이러한 구분은 민스키의 이론에서 슬롯과 값의 구분에 대응한다. 바살루에 따르면 하나의 특성이란 한 분류군의 구성원들이 소유하는 속성의 유형에 대응하며, 하나의 값은 그 구성원들 중 일부가 가지는 속성들에 대응한다. 예를 들어, 〈색〉은 〈사과〉 프레임의 특성이고, 〈빨강〉은 〈색〉 특성의 값이다. 프레임은 하나의 개념이 아니라 개념 마당conceptual field, 즉 동일한 특성들을 가지면서 각 특성에 대해 다른 값들을 가지는 개념들의 집합을 의미한다. 〈포유동물〉의 프레임은 〈개〉, 〈고양이〉, 〈말〉 등의 개념으로 이루어지는 개념 마당을 정의할 수 있는데, 각 동물의 개념들은 동일한 특성을 공유하면서도 각 특성에 대해 다른 값들을 가질 수 있다. 유사하게, 〈과일〉 프레임은 각 특성들이 여러 값을 허용하고, 특정한 특성들의 집합(예컨대, 색은 빨강, 크기는 작음, 맛은 달콤함, 모양은 구형)은 〈사과〉의 개념을 표상할 수 있다. 따라서 하나의 프레임은 하나의 상위 개념에 속하는 여러 개념을 표상할 수 있고, 그렇게 함으로써 개념들 사이의 위계적 관계를 포함할 수 있다.

바살루의 프레임 이론에서는 특성과 값들 사이의 관계를 규제하는 제약들이 존재한다. 특성들 사이의 관계에 대한 제약은 '구조적 제약'이라고 불린다. 〈새〉 프레임에 속하는 어떤 것이 〈부리〉 특성에 대해 어떠한 값을 가지고 있다면, 그것은 〈다리〉라는 특성도 가지고 있어야 한다. 한 프레임이 가지고 있는 어떤 특성은 다른 특성의 존재나 부재를 제약한다. 또한 프레임에는 값들 사이의 결정론적이거나 확률적인 공변이covariation를 제약하는 규칙도 있다. 즉, 한 특성의 값이 주어지면, 다른 특성은 그에 상응하는 특정한 값을 가지는 경향이 있다. 예컨대, 날지 못하는 새는 철새일 수 없는데, 이는 〈운동〉 특성의 값과 〈이동〉 특성의 값 사이에 연관성이 있음을 말해 준다. 프레임 모형에 따르면, 하나의 구체적인 개념은 특성들 모두가 활성화되면 각 특성에 대해 오직 하나의 값이 활성화됨으로써 표현된다. 달리 말하자면, 하나의 프레임은 개념적 마당을 정의하고, 프레임을 이루는 값들의 특정한 조합이 하나의 개념을 표현한다는 것이다.

안데르센과 바커, 첸은 프레임 모형이 과학적 개념과 개념 변화에 대한 쿤의 통찰을 표현하는 데 적절하다고 주장하는데, 그 주장에 대한 근거는 다음과 같다. 먼저, 프레임 모형은 쿤의 가족 유사성 이론과 양립할 수 있다. 쿤은 과학적 대상들에 대한 개념이 유사성과 비유사성에 의해 결정되는 가족유사성 개념이라고 주장한 바 있다. 이에 따르면, 모든 구성원이 만족해야 할 공통의 본질적인 특징은 존재하지 않고, 임의의 특징들은 대상들을 유사성 집합으로 분류하는 데 사용될 수 있다. 프레임 모형에서는 유사성이 명시적으로 표현되지 않지만, 특성들의 조합이 활성화되는 패턴에서 암묵적으로 드러난다. 예컨대, 거위와 오리가 서로 다른 유사성 집합을 이룬다는 것은 그것들이 활성화시키는 특성들의 패턴이 다르기 때문이다. 프레임 모형에서 두 집단은 특정한 차원에 대한 값이 동일한 경우 유사하고, 그렇지 않은 경우 유사하지 않은 것으로 판단된다. 따라서 정의에 기초한 고전적 이론과 단절적이라는 점에서 쿤의 개념 이론과 프레임 모형은 공통점을 가지며, 양립할 수 있다.

둘째, 프레임 모형은 위계적 관계를 표현하는 데 사용될 수 있고, 이는 쿤의 대조 집합 및 위계적 개념 구조라는 관념을 포착할 수 있다. 쿤에 따르면, 백조, 오리, 거위는 물새라는 상위 범주의 하위 범주들로서 대조 집합을 이루고, 학습 시 대조 집합을 이루는 개념들은 함께 습득되어야 한다. 〈새〉의 특성 목록 가운데 일부는 〈백조〉, 〈오리〉, 〈거위〉와도 공유되지만, 〈새〉는 다양한 특성들을 가지는 반면, 하위 개념들은 제한된 특성만을 갖는다. 또한 백조, 오리, 거위가 대조 집합을 이루는 것은 그들이 동일한 특성을 공유하면서도 상이한 특성들의 조합을 가지기 때문이다.

셋째, 값 제약은 규칙성 지식knowledge of regularity과 존재론 지식theory of ontology을 표현하도록 해주며, 두 가지 지식이 왜 분리될 수 없는지를 보여 준다.[3] 주어진 개념 구조는 대상들을 유사성 집합들로 구분하는데, 그러한 유사성 관계는 세계에 무엇이 존재하고, 무엇이 존재하지 않는지에 대한 가정을 함축한다. 예컨대, 물새가 거위, 오리, 백조로 분류된다면, 셋의 특성이 오묘하게 뒤섞인 물새 부류는 존재하지 않는다. 또한 개념 구조는 특징들 간의 규칙성에 대한 지식도 함축한다. 예컨대, 물갈퀴가 있는 새는 나무 위에 집을 짓고 살지 않을 것이다. 그러한 규칙성이 존재하기 때문에, 한 언어공동체의 구성원들은 상이한 기준들을 비교하며 동일한 대상들을 집어낼 수 있게 된다. 프레임 모형에 따르면, 값 제약은 두 가지 지식을 내재하고 있다. 먼저 한 특성의 값과

3 '규칙성 지식'과 '존재론적 지식'은 호이닝겐-후에네(Hoyningen-Huene, 1993, ch. 3.7)가 제시한 표현이다.

다른 특성의 값 사이에 제약이 존재하기 때문에, 거위도 오리도 백조도 아닌 어떤 것은 존재하지 않는 것으로 인식된다. 즉, 그것들 사이에는 텅 빈 지각적 공간이 존재한다. 또한, 값 제약은 특정한 활성화 패턴만이 가능함을 시사한다. 예컨대, 발에 물갈퀴가 달려 있다면, 서식지는 물가일 것이다. 존재론적 지식과 규칙성 지식이 궁극적으로 개념 구조가 내재하고 있는 값 제약에 의존하기 때문에, 두 지식은 분리될 수 없다.

마지막으로, 안데르센과 바커, 첸은 프레임 모형이 경쟁 이론보다 개념적 변화를 설명하는 데 유리하다고 주장한다(Barker et al., 2003). 그들은 쿤의 통찰을 계승하면서도, 개념적 변화를 급격한 단절로 간주하는 쿤의 입장에는 수정이 필요하다고 주장한다. 과학혁명의 여러 에피소드에 대한 최근의 역사적 연구들을 보면, 과학혁명은 쿤이 초기에 묘사했던 것처럼 형태 전환과 같은 급격한 변화가 아니라 장시간에 걸친 점진적 변화다. 따라서 개념 변화에 대한 이론은 그러한 사실을 설명할 수 있어야 하며, 그래야만 과학혁명을 합리적인 것으로 묘사할 수 있다. 안데르센과 바커, 첸에 따르면, 프레임 모형은 개념의 미시적 구조를 보여 주는 데 적합하기 때문에, 점진적 변화 과정의 묘사뿐 아니라 쿤의 분류학적 전환을 프레임의 점진적 변화의 결과로서 이해할 수 있도록 설명해 준다.

프레임 이론은 어떤 상황이 보수적인 변화인지 아니면 혁명적인 변화인지를 말해 준다. 프레임 이론에 따르면 모든 변화가 혁명적인 변화는 아니다. 프레임의 특성 집합이 변화하지 않은 채 새로운 값들의 조합이 만들어질 수 있다. 조류학의 역사에서 간단한 사례를 살펴보자.

19세기 초반에 전형적인 물새도 아니고, 전형적인 뭍새도 아닌 새로운 새 종류가 발견되었다. 물새는 둥근 부리와 물갈퀴가 달린 발을 가지고, 뭍새는 뾰족한 부리와 발톱이 있는 발을 가지고 있는데, 물갈퀴가 달린 발과 뾰족한 부리를 가진 새가 발견된 것이다. 즉, 변칙 사례가 등장한 것이다. 그런데 이 변칙 사례는 기존의 프레임에서 특성 집합을 수정하지 않고, 새로운 값들의 패턴을 만들어 냄으로써 조정될 수 있기 때문에 분류 체계의 재조직화를 요구하지 않는다. 그러나 특성 집합이 변화할 수도 있는데, 이는 변화 전후 두 집단의 양립 가능성에 따라 두 가지로 구분된다. 예를 들어 다윈 이후 조류를 분류할 때, 이전과 매우 상이한 기준들을 적용하게 되는데(구개 구조, 힘줄 유형, 내장 구조 등), 이것들은 새로운 특성 집합을 이루게 된다. 즉, 다윈 이전과 이후의 조류분류학에서는 이전의 특성 집합과는 매우 상이한 특성 집합에 의해서 조류를 분류하게 되지만, 두 특성 집합이 양립 불가능한 것은 아니다. 두 특성 집합의 특성들은 서로 가로지르거나 중첩되지 않기 때문에, 자세히 보면 상당한 유사성도 발견할 수 있다. 그러나 변화를 전후한 두 특성 집합이 양립 불가능한 경우도 있다. 바로 이것이 혁명적인 변화에 해당한다. 그러나 이러한 경우에도 프레임 모형은 개념의 미시적 구조를 드러냄으로써, 어떻게 점진적인 변화가 혁명적인 결과를 불러일으키는지 가시적으로 보여 줄 수 있다(간략한 분석은 Barker et al., 2003: 233-237, 자세한

분석은 Andersen et al., 2006, 5장을 보라).[4]

개념의 구조적 이질성

안데르센과 바커, 첸의 접근은 개념에 대한 인지과학 연구를 통해 쿤의 통찰을 발전시키는 데 크게 기여했지만, 그럼에도 그들은 개념에 관한 방대한 문헌 가운데 일부에만 선택적으로 의존하고 있다. 그들은 특정한 개념 이론, 즉 프레임 모형을 채택하여 과학적 개념에 적용한다. 그러나 이러한 전략으로는 개념에 관한 경험적 연구를 전체적으로 포괄할 수 없으며 개념의 인지과학이 처한 복잡한 상황, 즉 개념에 대한 상이한 이론들이 경합하고 도대체 개념이 무엇인지에 관해 합의를 이루지 못하고 있는 상황을 간과하기 쉽다.

개념의 인지과학 분야에서는 서로 다른 세 가지 '접근'[5]이 경쟁하고 있다(Murphy, 2002; Prinz, 2002). 원형prototype 접근에 따르면, 개념은 그 개념의 외연에 속하는 대상이나 사건의 전형적인 속성들을 표현한다(Rosch, 1978; Rosch and Mervis, 1975). 본보기exemplar 접근에서는 개념이 하나의 요약 표상이 아니라 특정한 사

---

4 '과학적 개념에 대한 동적 프레임 모형'에 대한 보다 상세한 논평은 천현득(2014: 59-64)을 참조하면 된다.

5 세 '이론'이 아닌 '접근'이라고 말하는 이유는 각 접근들의 세부 사항에서 의견을 달리하는 이론이나 모형이 존재하기 때문이다. 예컨대, 본보기 접근 안에서도 본보기들이 처리되는 방식에 관해 의견을 달리하는 여러 모형이 있으며, 이론 접근 안에서도 심리적 본질주의를 강조하는 이론과 인과적 모형을 강조하는 모형이 있다.

례(본보기)들에 대한 표상들의 집합이라고 본다(Medin and Schaffer, 1978; Nosofsky, 1986). 이론 접근에서 개념은 단지 전형적인 속성이 아니라 설명적·인과적·법칙적 관계를 포함하며, 일부는 본질적 역할을 하는 속성과 그렇지 않은 속성을 구분하기도 한다(Carey, 1985; 2009; Keil, 1989; Murphy and Medin, 1985). 세 접근법은 개념이 표상하려는 대상이나 사건에 관한 정보들을 어떻게 표현하고 조직하는지에 관해 상이한 관점을 취하고, 그 정보들이 처리되는 방식에 관해서도 다른 관점을 가진다. 예컨대, 원형 접근과 본보기 접근에서 개념에 기반한 범주화나 귀납 등은 기본적으로 유사성을 기반으로 하지만, 이론 접근에서는 개념에 기반한 인지 활동이 기본적으로 유사성에 의존한다는 생각을 받아들이지 않는다. 이론 접근을 주장하는 이론가들은 우리의 인지 과정에서 설명적 관계나 인과적 규칙성에 근거한 추론을 강조한다.

문제는 경쟁하는 이론들 가운데 어떤 한 접근도 개념적 인지에 관련된 모든 실험 결과를 만족스럽게 설명하지 못한다는 데 있다. 한 부류의 이론들은 다른 이론들에 비해 특정 실험 결과를 더 잘 설명하지만, 다른 부류의 이론들도 자신의 강점을 내세울 수 있는 증거들을 가지고 있다. 이러한 상황을 이해하는 방식은 여러 가지가 있지만, 특히 주목받는 주장 가운데 하나는 에두아르 마셰리Edouard Machery의 이질성 가설이다(Machery, 2009). 이는 다음과 같은 다섯 가지 논제로 분해될 수 있다(Cheon and Machery, 2016).

- **다수성 논제**multiplicity thesis: 각 범주에 관해 우리는 여러 종류의 정보들을 가지며, 원형, 본보기, 이론이 대표적인 정보들이다.
- **반동질성 논제**few-commonalities thesis: 동일한 범주에 관한 원형, 본보기, 이론적 정보는 동질적인 부류를 형성하지 않으며, 그로부터 과학적인 일반화를 이끌어 낼 수 없다.
- **반혼종 논제**anti-hybrid thesis: 원형, 본보기, 이론적 정보는 서로 연결되거나 조율되지 않으므로, 한 개념의 구성 요소들이 아니다. 즉, 이들은 하나의 커다란 혼종을 이루지 않는다.
- **반자연종 논제**anti-natural-kind thesis: 따라서 '개념'이라는 용어는 하나의 자연종을 집어내지 못한다.
- **제거 논제**eliminativist thesis: 그러므로 '개념'이라는 용어는 인지과학의 이론적 어휘에서 제거되어야 한다.

마셰리의 이질성 가설은 개념이 많은 특성을 공유하는 하나의 자연종이라는 전통적인 견해와 대립한다. 결국 그는 '개념'이라는 개념 없이도 인지과학이 더 발달할 수 있다고 제안한다. 물론 제거 논제는 다양한 방식으로 부정될 수 있다. 마셰리가 스스로 인정하듯, 한 용어가 자연종을 지칭하지 못한다고 해서 그것을 반드시 제거해야만 하는 것은 아니다. 한 과학 용어의 제거는 그것을 제거하는 것보다 유지하는 비용이 더 큰 경우에만 정당화된다. 그러니 우리는 실용적인 근거에서 제거 논제에 반대할 수 있다. 즉, 모든 것을 고려하더라도 '개념'이라는 관념이 유용할 수 있다는 것이다. 이는 '개념 실용주의'로 부를 수 있다.

또한 우리는 개념이 하나의 자연종을 형성한다고 주장할 수도 있다. 이를 위해서는 반동질성 논제나 반혼종 논제 가운데 하나를 거부해야 한다. 반동질성 논제를 비판하기 위해 우리는 개념이 상당히 여러 가지 특성을 공유한다고 주장할 수 있다. 원형, 본보기, 이론은 서로 동일하지 않지만 장기 기억에 저장된 기억의 일부로서 분류, 범주 학습, 귀납 등에서 사용되고, 대상이나 사건들을 표상하는 정보들이다. 그렇다면 개념은 그 셋을 하위 종으로 포함하는 하나의 상위 종일 수 있다(Samuels and Ferreira, 2010; Weiskopf, 2009). 이를 '개념다원론'이라고 한다.

혹은 혼종 이론을 주장할 수도 있다(Rice, 2016; Vicente and Manrique, 2016). 혼종 이론은 원형, 본보기, 이론이 하나의 혼종 개념을 구성하는 부분들이며, 그러한 혼종 개념이 설명력을 가진다는 것이다. 개념혼종주의에 따르면, 세 가지 정보 구조는 개념이 아니며, 이들을 구성 요소로 가지는 더 큰 혼종체가 바로 개념이다. 다만, 우리는 이 지면에서 이러한 논쟁에 대해 논의하려는 것이 아니고, 논쟁에서 하나의 공통 지반을 발견하고자 한다. 제거주의자, 실용주의자, 다원론자, 혼종주의자가 모두 받아들이는 것은 바로 다수성 논제다. 이러한 다수성 논제는 과학적 개념을 이해하는 데에도 중요하다.

과학적 맥락에서 개념의 다수성 논제가 성립한다면, 과학적 개념들은 전형적 속성들에 대한 정보, 개별 사례에 관한 정보, 인과적·설명적 정보 등으로 구성되며, 이들 각각은 과학적 실천을 뒷받침하는 대부분의 인지 과정에서 사용된다고 말할 수 있다. 이를 '구조적 이질성 논제the structural heterogeneity thesis'라고 부르자(천현득, 2014; Cheon and Machery, 2016).

과학적 개념들이 전형적 정보, 개별적 정보, 이론적 정보를 포함한다는 것이 어떠한 의미인지 조금 더 자세히 살펴보자. 혹자는 과학적 개념들이 이론을 포함한다는 주장에 반대할 수도 있다. 우리는 개념이 과학이론을 구성한다고 말하는 것이지, 그 반대는 아니기 때문이다. 하나의 개념 안에 부호화된 이론적 정보는 통상 소규모 이론mini-theory으로 불린다(Murphy and Medin, 1985). 예컨대, '새'라는 개념 안에는 '새를 날게 만들어 주는 날개를 가짐'이라는 이론적 정보가 부호화된다. 여기서 날개를 가진다는 속성과 난다는 속성, 그리고 날개를 가짐으로써 날게 된다는 인과적 관계를 부호화하는 이론적 정보를 소규모 이론이라고 한다. 이러한 소규모 이론은 왜 날개를 갖는 것이 비행을 가능케 하는지를 설명하는 유체역학과 같은 증명된 과학이론과 동일하지 않다. 사람들은 유체역학에 대해 전혀 몰라도 소규모 이론을 가질 수 있다. 그러면 소규모 이론과 과학이론의 관계는 무엇인가? 첫째, 인과적 정보(와 숨겨진 본질)를 포함하는 소규모 이론은 개념의 일부가 될 것이다. 둘째, 소규모 이론을 포함하는 개념들은 이론을 구성하는 요소가 될 수 있다. 그러면 어떤 개념들은 이론의 구성 요소가 되고, 다른 개념들은 각 영역과 영역 특수적 이론들에 의해서 영향을 받게 된다.

반대로 과학적 개념이 매우 추상적이고 이론적이기 때문에

정말로 전형적인 속성의 정보나 본보기 정보를 표상하는지 의문을 제기할 수도 있다. 예를 들어, 뉴턴역학에서 〈힘〉이라는 개념은 뉴턴의 세 가지 운동 법칙을 통해 도입되는 이론적 개념으로, 원형이나 본보기와 같은 어떤 경험적 정보도 지니지 않는다고 생각할 수 있다. 쿤은 개별적인 지시를 통해서가 아니라, 문제 상황에서 다른 개념들과 함께 습득해야 하는 이러한 종류의 개념들을 '법칙성nomic 개념'으로 불렀다. 따라서 이 반론의 요점은 법칙성 개념과 같은 종류의 개념들은 경험적 정보를 제외한 이론적 정보의 집합체라는 것이다. 이에 대한 한 가지 대응은 일상적 개념과 상당히 유사한 경험적 개념들(쿤적 의미에서 일상성normic 개념들)이 많고, 경험적 개념들이 여전히 과학에서 중요한 역할을 수행하고 있음을 상기시키는 것이다. 예컨대, 〈행성〉이라는 개념은 천체 현상을 분류하기 위한 일상성 개념이지만, 천문학의 역사에서 중요한 역할을 수행해 왔다. 그 개념은 경험적 정보를 제외한 이론적 개념으로 간주될 수 없다. 쿤이 강조했듯이 분류가 개념의 본질적 역할이라면, 유사성에 기반한 범주화 및 인지 과정은 과학적 맥락에서도 무시될 수 없기 때문이다. 그러나 고도로 이론적인 개념들, 예컨대 〈힘〉이나 〈전자〉와 같은 개념들도 경험적 정보를 가지는지 의심하는 사람들을 설득하기에는 부족할 것이다.

추가적인 대답은 이론적 개념들도 다른 유형의 정보들, 즉 그 개념들이 적용되는 사례나 모형에 대한 정보를 부호화할 수 있다는 것이다. 이론적 개념을 다수 포함하고 있는 물리학에서 간단한 예를 들어 보자. 〈조화진동자〉 개념은 후크의 법칙Hooke's law이 내재한 법칙적 정보를 포함한다. 그뿐만 아니라, (이상화된) 진자나 추에 매달린 물체 모형 등에 대한 정보를 포함한다. 뉴턴 역학에서의 〈힘〉 개념도 예외가 아니다. 그 개념은 뉴턴의 운동 법칙과 중력 법칙에 내재된 이론적 정보를 포함하지만, 그 법칙이 적용되는 전형적 모형들 혹은 구체적 사례들에 대한 경험적 정보 역시 포함한다. 뉴턴 물리학을 배우는 어떤 학생이 역학 문제를 풀고 있다고 하자. 그는 뉴턴의 운동 법칙과 중력 법칙을 '알고' 있으며, 그 방정식을 수학적 규칙에 따라서 능숙하게 조작할 수 있다. 그러나 그가 법칙을 적용할 모형이나 사례에 대한 정보를 갖고 있지 않다면, 혹은 구체적인 문제 상황에 적용하는 법을 모른다면, 그는 문제를 해결하지 못할 것이다. 이런 경우 그는 개념과 공식은 알지만 문제를 풀지 못하는 것이 아니라, 사실은 개념을 정확히 알지 못하는 것이다. 한 개념을 안다는 것은 그것을 적용할 수 있는 경험적 정보를 알지 못한다는 것과 양립하기 어렵다.

개념의 다수성은 범례에 관한 쿤의 통찰과 양립할 수 있다. 쿤에 따르면, 과학 지식의 습득은 단지 규칙과 공식, 기호적 일반화를 추상적으로 배우는 것이 아니라, 구체적인 다양한 문제 상황에 규칙과 공식, 기호적 일반화를 적절히 적용하는 법을 배우는 것이다. 이런 것들을 문제 상황에 적절히 적용하는 능력은 두 가지 요소를 갖는다. 하나는 어떤 기호적 일반화의 도식을 각 상황에 알맞게 변형시킬 줄 알아야 한다는 것이고, 다른 하나는 법칙에 내재된 이론적 정보와 더불어 문제 상황에 대한 경험적 정보를 활용해야 한다는 점이다. 따라서 정의나 규칙이 아니라 범례들에 노출됨으로써 문제 상황에 적용하는 능력이 배양된다는 것은, 범례들에 포함되어 있는 경험적 정보를 습득함으로써 온전한 형태의 개념을 배우게 된다는 것을 말한다.

우리가 개념의 구조적 이질성에 주목하는 이유는 그것이 "합의된 정의 없는 생산적 연구"라는 흥미로운 현상에 대한 새로운 설명을 제공하기 때문이다. 이를 증명하기 위해 먼저 이 문제의 성격에 관해 논의한 후 구조적 이질성이 어떻게 이 문제를 해결하는 데 도움이 되는지 살펴보자. 생물종species은 분류와 진화의 단위로서 생물학의 가장 기본적인 개념 가운데 하나이지만, 과학자들과 철학자들은 하나의 합의된 정의를 도출하는 것에 성공하지 못했다. 서로 다른 분류철학을 지닌 이들은 생물종을 다른 방식으로 이해하는데, 적어도 다음과 같은 세 종류의 주된 개념이 경쟁하고 있다.

첫째는 상호 교배의 가능성에 기초한 생물학적 종 개념으로, 이 개념에 따르면 종이란 공통의 수정 체계를 공유하는 유기체들의 집합이다. 종의 분류학적 안정성은 구성원들이 유성 생식을 통해 유전자를 교환함으로써 얻어진다. 둘째는 종의 안정성을 위해 상호 교배보다는 환경을 강조하는 생태학적 종 개념이다. 이 개념에 따르면, 각 종은 자신의 적소 혹은 적응 영역을 가지며, 각 영역의 선택압이 종을 구별하는 분류 단위로 유지되도록 해 준다. 셋째는 계통발생학적 접근으로, 이 개념에 따르면 종은 공통 조상에서 이어져 온 단계통군으로 간주된다. 물론 단계통군은 진화적으로 연속체이기 때문에 지구상의 모든 생명체가 단계통군을 이룬다고 말할 수도 있다. 따라서 계통발생학적 접근에서도 하나의 단계통군을 종 수준의 단위로 분류하기 위해서 개체군의 크기, 격리 정도, 생태적 요인 등 다양한 자격 기준을 도입한다.

하나의 개념이 모호함 없이 명확하게 정의되지 않으면 혼란을 초래하기 때문에 생산적인 연구와 과학의 발전에 바람직하지 않다고 여겨진다. 특히 상이한 종 개념은 생물에 대한 서로 다른 그림을 제공하기 때문에, 올바른 종의 개념을 발견하지 못한 것은 생명계에 대한 통합적인 이해를 추구하는 일부 생물학자들과 철학자들에게 커다란 문젯거리였다. 그러나 실제로 이루어지고 있는 과학적 실천의 관점에서 보면 흥미로운 현상을 발견할 수 있다. 종에 대한 합의된 정의 없이도 현장 과학자들은 생물학적 탐구를 훌륭하게 수행하고 있으며, 별다른 어려움 없이 과학의 진보를 이루어 내고 있다는 점이다. 게다가 서로 다른 분류학적 철학을 가진 생물학자들도 생물종에 대해서 상당한 의견 일치를 보여 준다. 서로의 분류 기준이 다르기 때문에 서로 달리 분류할 가능성이 이론적으로 존재하지만, 그것이 실제로 발생하는 경우는 거의 없다. 이러한 상황이 앞서 말한 "합의된 정의 없는 생산적 연구"의 의미다. 이러한 현상은 하나의 분야에서 한 패러다임에 독점적인 지위를 부여하는 쿤의 전기 철학과 잘 부합하지 않는다. 그래서 쿤 이후 역사적 과학철학자들은 패러다임의 독점적 지위는 역사적으로나 방법론적으로 적절치 않다고 비판해 왔다. 실제로 한 분야에서 여러 이론이 경합하는 경우가 많았을 뿐 아니라, 반드시 한 패러다임에만 매달리는 것이 과학의 발달에 유익한지 의문스럽다는 것이다.[6] 그러나 하나의 정의에 합의하는 데 실패한 사례에 주목하는 것은 과학의 실제 역사와 실천을 강조하는 쿤의 정신에 어긋나지 않는다. 특히 개념이 하나의 합의된 정의를 가지지 않는다는 것은 쿤의 개념 이론에서 나오는 결과이기도 하다.

개념 이론의 관점에서 합의된 정의의 부재 현상은 설명을 필요로 한다. 어떻게 정의되지 않은 개념을 가지고 과학적 진보가 일어날 수 있는가? 상이한 신념을 가진 과학자들은 서로에게 얼마나 동의하는가? 그럼에도 불구하고 과학자들은 왜 끊임없이 합의된 정의를 추구하는가? 이런 물음들은 구조적 이질성 논제에 의해 설명될 수 있다. 구조적 이질성 논제에 따르면, 종 개념은 단일한 종 정의로 이루어진 것이 아니라 이론적 정보와 경험적 정보의 결합이다. 각 종 개념은 나름의 이론적 정보와 경험적 경보를 부호화하는 복잡한 정보체이며, 각 종 개념의 이론적 정보는 생물 분류의 원리와 같은 것을 부호화한다. 예컨대, 생물학적 종 개념의 이론적 정보는 상호 교배 가능성과 같은 것을 포함한다. 상이한 종 개념들은 바로 이러한 이론적 정보에서 차이를 보인다. 즉, 생물학적 종, 계통발생적 종, 생태학적 종은 서로 다른 이론적 원리에 기초를 두기 때문에 서로 다른 이론적 정보를 저장한다.

---

6 라카토슈와 라우든은 일찍부터 유사한 문제를 제기했고, 파이어아벤트는 반대쪽 극단에 서서 이론 증식을 주장한다. 패러다임의 준독점적 지위를 주장하는 조인래(2018, 2장)와 다원론자인 장하석(Chang, 2012)의 주장도 참조할 수 있다.

바로 이러한 사실이 생물학자들 사이의 개념에 대한 불일치를 설명해 준다. 그러나 상이한 종 개념들도 경험적 정보에서는 상당한 일치를 보이고, 바로 이런 사실이 과학자들이 보여 주는 합의의 정도와 믿음의 공유를 설명한다.

생물학자들은 흔히 '좋은 종good species'이라는 단어로 종에 대해 추론하곤 한다. 좋은 종이란 일반적으로 종으로 인정되는 생물 집단의 기준 대부분을 만족하는 유기체들의 집단을 말한다(Amitani, 2010). 따라서 좋은 종이란 종의 원형에 대응하는 생물학자들의 언어다. 생물종에 대한 많은 과학적 실천이 좋은 종 개념에 기초해 있다면, 생물학자들은 종의 원형을 공유함으로써 상당한 일치를 보여 줄 수 있다. 대부분의 생물학적 연구에서 공유된 원형과 이론적 정보의 예측 가능한 부분에서의 중첩은 생물학자들이 자신들의 연구를 수행하고 과학적 진보를 이루어 내기에 충분하다. 따라서 합의된 정의 없이도 성공적으로 수행될 수 있는 과학이란 어떤 마술과 같은 것이 아니다.

공유된 원형에 기초해 과학적 합의와 진보를 설명한다면, 한 가지 의문이 남는다. 그것은 공유된 원형이 대체적으로 과학 활동을 하기에 충분하다면, 과학자들은 왜 하나의 올바른 정의를 지속적으로 추구하는지에 대한 것이다. 이에 대해 설명하자면, 우선 원형은 암묵적으로 합의된 것인 반면 이론적 원리는 명시적으로 불일치한다. 사람들은 명시적으로 불일치하는 부분에 불편함을 느끼고, 그러한 불일치를 제거하려는 시도를 지속적으로 수행하게 된다. 둘째, 이론적 접근에서 비교적 빈번하게 주장되는 것중 하나는 심리적 본질주의psychological essentialism이다. 사람들은 (생물종이든 인공종이든) 어떤 대상의 본질이 무엇인지 알지 못하는 경우에도, 그것이 표면적으로 나타내는 속성들에 인과적 책임이 있는 어떤 숨겨진 본질이 있다고 믿는다. 여기서 중요한 것은 명시적 형태의 본질을 알 필요는 없다는 것이다. 과학자들이 본질을 추구한다는 점은 널리 알려진 사실이다. 따라서 생물학자들이 일반인과 유사한 심리적 본질주의를 가지고 있거나 자연종의 본질을 더 심각하게 고려하고 있다는 것은 억측이 아닐 것이다. 그렇다면 그들은 생물종으로 지칭되는 어떤 대상들이 본질을 가질 것으로 기대하고 그것을 추구할 것이다. 따라서 과학자들의 합의된 정의 추구는 이론적 정보를 개념으로 포섭함으로써 설명될 수 있다.

개념의 구조적 이질성이 '합의된 정의 없는 생산적 연구'에 관해 모든 면을 설명할 수 있다고 주장하는 것은 아니다. 그러한 현상이 발생할 수 있는 인지적 구조에 관해 말할 뿐이다. 그러나 가능한 대안을 고려할 때, 이질성에 호소하는 설명은 충분한 설명력을 지닌다. 만일 개념을 정의로 본다면, 이 현상은 애초에 설명될 수 없다. 원형 접근이나 이론 접근에만 호소하는 것도 효과적이지 못하다. 물론 원형 접근은 생물학자들 사이의 합의와 생산적 연구를 설명하는 데 이점이 있다. 생물학자들이 좋은 종에 대해 언급할 때, 그것은 사실상 원형에 대한 주장이기 때문이다. 그러나 생물학자들의 주장이 왜 불일치하며, 얼마나 불일치하는지에 대해서는 설명할 수 없다. 종 개념이 곧 종 원형이라면, 어떤 불일치도 발생할 수 없고, 종 개념에 대한 과학적·철학적 논쟁은 무의미한 것이 될 것이다. 또한 종 원형만이 개념을 구성한다면, 왜 과학자들이 지속적으로 올바르게 합의된 정의를 얻으려 하는지도 설명되지 못한다. 반대로 이론 접근은 이러한 점을 설명하는 데 장점을 갖는다. 과학자들은 분류 원리에 대해 첨예하게 대립하고 있기 때문에 이는 지속적인 논쟁의 원천이 된다. 반대로, 이런 접근에서 과학자들은 어떻게 합의에 이르는지, 그리고 관점의 차이에도 불구하고 어떻게 과학적 진보를 이루어 내는지에 대해서는 설명하기 어렵다.

개념이 한 종류의 정보만으로 이루어진다고 가정하는 것은 '합의된 정의 없는 생산적 연구'라는 현상을 설명하기에 미흡하다. 이는 현상 자체가 복잡한 탓이다. 그 현상은 단지 정의의 부재만을 뜻하지 않는다. 그것은 이론적 불일치에 의한 합의된 정의 도출 실패, 경험적 수준에서 상당한 정도의 합의, 지속적인 정의 추구, 그리고 지식의 축적 및 진보라는 요소들의 복합체다. 정의 없는 생산적 연구를 총체적으로 이해하기 위해서는 원형을 둘러싼 경험적 정보와 원리에 기초한 이론적 정보를 모두 부호화encode하는 이질적 구조가 필요하다. 따라서 구조적 이질성 논제는 이 현상에 대한 최선의 설명을 제공한다.

6. 세계 변화와 칸트주의 해석

쿤은 개념 이론과 연관된 자연주의 철학자로, 지금까지 그의 패러다임 개념과 과학혁명은 자연주의적인 방식으로 더 정교화될 수 있음을 보았다. 또한 버드가 제안한 실증주의적 해석에 담긴 난점을 지적했지만, 쿤의 철학에 대한 영향력 있는 해석인 칸트주의 해석에 관해서는 아직 다루지 않았다. 칸트주의 해석을 제안한 호이닝겐-후에네는 자연주의적 해석의 여러 부분을 긍정적으로 평가하겠지만, 거기에는 쿤의 형이상학이 결여되었기 때문에 불완전하다고 말한다. 그러나 이 책에서는 쿤의 철학에서 형이상학적 부분에 대한 기여는 분명하지 않으며 오히려 그것을 괄호 안에 둠으로써 쿤의 주장들을 더 체계적으로 해석할 수 있음을 보일 것이다. 이 장에서는 칸트주의 해석의 주요한 동기가 된 쿤의 '세계 변화' 논제에서 출발하여, '현상 세계의 다수성' 논제로 발전하게 된 경위와 그 정당성을 살펴보고, 그러한 칸트주의적 해석이 왜 만족스럽지 않은지 살펴볼 것이다.

『구조』에서 패러다임 변화와 세계 변화

패러다임이 변화하면 과학이 변화한다. 과학자들이 변화한 패러다임에 기초해 연구 활동을 수행하면, 이론의 어휘집과 분류 구조가 변화하고, 과학자들의 인지적 습관이나 준직관적 연결이 변화한다. 그에 따라 과학자들은 단지 새로운 이론을 갖는 것이 아니라 새로운 방식으로 세계를 탐구하게 된다. 쿤은 여기서 한 발 더 나아간 주장을 펼친다. 『구조』 10장에서 쿤은 조심스럽게 단서 조항을 달기는 했으나, "우리의 역사 서술론의 관점에서 과거 과학 연구들을 검토해 보면, 역사가들은 '패러다임이 변화할 때 세계도 그와 함께 변화한다'고 외치고 싶어질지도 모른다"고 말한다(*SSR*, 111). 이는 단지 역사가들의 이름을 빌리는 것에 그치지 않고 쿤 자신의 목소리로도 드러난다. 그는 "패러다임 변화는 과학자들이 그들의 연구 활동의 세계를 달리 보도록 만든다"고 말하고(*SSR*, 111), 더 나아가 "세계는 패러다임이 변화한다고 해서 변화하지는 않지만, 그 이후의 과학자들은 다른 세계에서 연구한다"고 주장한다(*SSR*, 121). 만일 이 문장들이 단순한 은유적 표현이 아니라 무엇인가를 진술하거나 주장하는 것이라면, 이는 적절한 해석을 요구한다. 다시 말해, 세계 자체가 변화하는 것은 아니지만, 과학자들이 연구하는 세계가 변화한다거나 과학자들이 다른 세계에서 연구한다는 명제를 뜻이 통하게 만들어야 한다. 평가는 그 다음이다.

쿤이 예시로 든 허셜W. Herschel의 천왕성 발견 사례를 간략히 검토해 보자. 18세기 유럽의 천문학자들은 현재 천왕성의 궤도로 알려진 곳 근처에서 별 하나를 관찰하게 된다. 당시의 천문학자들은 1690년부터 1781년까지 그 별을 총 17회 관측하는 데 성공한다. 그런데 허셜이 개량된 망원경으로 관찰한 결과, 별치고는 보기 드문 원반체임을 확인하고, 더 면밀히 조사한 후 그것이 새로운 혜성임을 공표하게 된다. 그러나 그 후 몇 달 동안 혜성의 궤도에서 그 천체를 관찰하려고 해도 볼 수 없자, 렉셀A. J. Lexell은 그 천체가 행성일 것 같다는 제안을 했고, 그 주장이 받아들여졌다. 거의 한 세기 동안 관측되었다가 관측되지 않았다가 하던 천체가 그것이 행성임을 받아들이자 달리 보이게 된 것이다.

이런 시각의 전환은 이미 관측된 물체의 지각에만 영향을 끼친 것이 아니었다. 1801년 이후 천문학자들은 50년 동안 20여 개의 소행성을 발견했다. 사실 코페르니쿠스 혁명에서도 비슷한 상황이 연출된 바 있다. 코페르니쿠스 패러다임이 제안된 이후에야 천문학자들은 달과 태양의 변화, 신성과 혜성 등 우주의 변화를 목격하게 되었다. 이것은 과연 우연일까? 사실 이미 오래전부터 중국의 천문학자들은 신성, 태양의 흑점, 혜성을 관측하고 그에 관한 기록을 남겨 두었다. 결국 서구의 천문학자들은 새로운 패러다임을 받아들이자, 옛 기구로 동일한 대상을 보면서도 새로운 것을 볼 수 있게 된 것이다. 이를 두고 쿤은 코페르니쿠스 이후 천문학자들이 다른 세계에 살게 되었기 때문이라고 주장한다.

『구조』 10장에서 쿤은 세계가 변화한다는 것의 의미를 세 가지로 요약한다. 첫째는 현상의 확장이다. 혁명 이후 세계는 이전 세계가 가지고 있지 않던 새로운 현상과 존재를 포함하게 된다. 이는 새로운 도구의 도입으로 촉진되기도 한다. 망원경이나 현미경은 현상의 범위를 확장한 대표적인 도구다. 둘째로 수치가 변화할 수도 있다. 혁명 이후 한 현상에 대한 정량적 예측이 새로 나타날 수도 있고, 계수나 상수의 값이 새로운 값으로 대체될 수도 있다. 그러나 가장 근본적인 것은 세 번째 의미다. "새로운 패러다임을 채택한 과학자는 해석자라기보다는 거꾸로 보는 렌즈를 쓴 사람과 비슷하다. 이전과 똑같은 무수한 대상을 대하고 그렇게 변함없는 대상을 보고 있다는 것을 알면서도, 과학자는 대상들의 세부적인 것 여기저기에서 그 대상들이 변형되었음을 깨닫게 된다"(*SSR*, 122). 이러한 의미들로 세계 변화를 해명하면서 쿤은 형태 전환의 유비에 의지하게 된다. 세계를 개별 요소들로 보지 않고 총체적으로 보면, 우리는 특정한 틀을 통해서만 세계를 파악할 수 있다. 과학자의 세계는 자연에 의해 결정되는 것이 아니라 그가 훈련받은 특정한 연구 전통에 의해서만 결정된다. 혁명이 발생하면 세계를 지각하는 방식이 달라지며, 마치 토끼로 봤던 것이 오리로 보이는 것처럼, 동일한 대상조차 달리 보이게 된다.

세계 변화 논제와 현상 세계의 다수성

동일한 것을 달리 보게 된다는 것은 과학자의 관찰 경험이나 지각 수준에서 해명될 수 있는 명제다. 이는 '관찰의 이론적재성'이라는 잘 알려진 논제의 다른 표현이다. 그러나 쿤은 여기에서 더 나아가 세계가 변화한다는 주장을 옹호하려 한다. 이러한 주장들을 정합적으로 만드는 한 방식은 세계 그 자체는 변화하지 않지만 현상 세계는 변화한다는 칸트주의적 해석을 채택하는 것이다. 현상계와 예지계에 대한 칸트의 구분은 전통적인 형이상학을 비판하고, 초월 철학을 정초하며, 과학 지식이 의미를 갖기 위한 선제 조건을 탐구하는 데 중요한 역할을 한다. 쿤은 칸트의 세계 구분과 유사한 세계 자체world-in-self와 현상 세계phenomenal world의 구분을 채택한다. 세계 자체는 우리에게 접근 불가능한 세계인 반면, 현상 세계는 객관적 측면의 계기와 주관적 측면의 계기에 의해 함께 구성된다. 다만, 칸트의 주장은 하나의 현상계를 예지계로부터 구분하는 것으로 충분했지만, 쿤에게는 '현상 세계의 다수성' 논제가 추가적으로 필요하다. 쿤은 여러 현상 세계 사이의 차이, 그리고 한 현상 세계에서 다른 현상 세계로의 변화에 관심을 가지기 때문이다.[1] 만일 한 패러다임이 현상 세계를 구성하는 데 기여한다면, 그리고 패러다임이 변화할 때 현상 세계가 변화한다면, 세계 변화에 관한 쿤의 주장은 명확한 의미를 지니게 된다. 즉, 패러다임이 변화할 때 세계 자체가 변화하는 것은 아니지만, 현상 세계는 변화한다(Hoyningen-Huene, 1993: 36).

1 호이닝겐-후에네에 따르면, 세계 자체의 접근불가능성 논제와 현상 세계의 다수성 논제는 쿤이 중립적 관찰 언어와 관찰-이론 이분법을 부정하는 토대가 된다.

문제는 현상 세계의 다수성 논제를 어떻게 정당화하는가 하는 데 있다. 현상 세계의 다수성 논제는 역사가로서의 쿤의 경험에 뿌리를 내리고 있다. 과거의 텍스트를 읽고 그것을 이해하기 위해 애쓰다 불현듯 그 글을 쓴 저자의 세계를 경험하게 되었을 때, 역사가는 자신의 현상 세계와는 다른 현상 세계에서 저자가 살았음을 깨닫게 된다. 바로 이것이 아리스토텔레스를 읽던 쿤에게 일어난 일이었다. 그러나 어떤 역사가 개인이나 일군의 역사가들이 그러한 경험을 한다고 해서, 실제로 현상 세계가 복수로 존재하며 혁명에 따라서 현상 세계가 변화한다는 주장이 곧바로 정당화되는 것은 아니다. 전통적인 인식론에 따르면, 지각 경험은 환경과 감각 기관들에 의해 결정되며, 우리의 지각적 믿음의 가변성은 동일한 지각 경험에 대한 해석에 기인한다. 이런 시각에서 보면, 이론이 변화할 때 과학자들은 다른 관찰을 보고하지만 이는 그들이 세계를 다르게 경험한 때문이 아니라 동일한 경험을 다르게 해석하기 때문이다. 이런 시각을 넘어서기 위해서는 먼저 세계 변화 경험의 진정성을 확보해야 하고, 이후 지각적 변화의 가능성이 상호주관적으로 확인될 수 있어야 한다.

『구조』에서 쿤은 지각심리학의 형태 전환Gestalt shift에 의존하여 새로운 현상 세계로 이끄는 지각적 변화의 가능성을 주장한다. 그러나 쿤이 인정하듯, 형태 전환과 새로운 현상 세계를 만드는 지각적 변화 사이의 유비는 제한적이다. 다만, 지각심리학은 우리가 지각 과정의 몇 가지 특성에 주목할 수 있도록 해준다. 첫째, 지각 행위는 수동적으로 외부 자극을 받아들이는 과정이 아니다. 지각의 결과물은 외부 자극뿐 아니라 '개념적 범주'나 '지각적 범주'의 활동에 의해서도 결정된다. 둘째, 이러한 지각적 범주들은 모든 인간에게 동일한 것이 아니며 많은 부분을 지각자의 학습 과정에 의존한다. 어떤 이가 시각적으로 지각하는 것은 "그가 바라보는 대상뿐 아니라 이전에 그가 지닌 시각적·개념적 경험이 그에게 보도록 가르쳐 주는 것"에도 달려 있다(*SSR*, 113). 셋째, 지각을 이루는 요소인 이러한 범주들은 특정한 지각 상황에서 달라질 수 있다. 지각하는 주체의 감각기관이 물리적으로 변화하거나, 자신의 지각적 세계에 존재하지 않는 대상에 노출되면[2] 지각자는 혼동을 느끼게 되고, 시간이 지나면 지각적 범주들이 혼동스러운 상황에 적응하여 "처음에는 변칙적이었던 것이 예견되는 것으로" 정리되기도 한다(*SSR*, 64). 만일 이러한 지각적 변화를 과학혁명기의 과학자들이 일반적으로 경험한다면, 현상 세계의 다수성 논제는 어느 정도의 타당성을 획득할 수 있을 것이다. 경쟁하는 패러다임은 상이한 개념적·지각적 범주들을 통해 "자극들을 양립 불가능한 유사성 부류로 구조화하므로, 다른 패러다임에 노출되어 교육받은 과학자들은 서로 다른 현상 세계를 구성한다"(Kuhn, 1977: 308).

후기 저술에서 쿤은 언어에 더 큰 강조점을 둔다. 『구조』에서 현상 세계는 "특정한 방식으로, 지각적으로, 개념적으로 구분되어 있는 세계"였다면(*SSR*, 129), 후기에는 "함께 학습되어야 하는,

2 2장에서 소개한 포스트만과 브루너의 카드 실험을 떠올려 보라.

서로 연결된 용어들의 다발"이 과학자들이 "경험하는 세계의 어떠한 부분에 구조를 부여"한다고 말한다(Kuhn, 1983: 680). 간단히 말해, 언어가 세계를 구조화한다. 이때 세계의 구조는 대상들 사이에서 성립하는 유사성과 차이의 위계적인 네트워크로 이해될 수 있다. 그러나 언어적 전회 이후에 쿤이 언어를 강조한다고 해서 지각이 담당하던 역할을 배제한다는 말은 아니다. 쿤에게 언어 학습의 일차적 수단은 가리킴ostension이며, 이는 지각과 긴밀히 연관되어 있다. 그뿐만 아니라 지각은 언어의 변화에도 중요한 역할을 수행한다. 과학 용어들이 자연에 부착되는 방식에서 변화가 일어나는 것은 "순수하게 형식적이거나 언어적인 것이 아니다. 반대로 변화는 관찰이나 실험에 의해 생성되는 압력에 대응하면서 나타난다"(Kuhn, 1979/2000: 416). 언어적 전회 이후 현상 세계의 다수성 논제는 "상이한 언어가 세계에 대한 상이한 구조를 부과한다"는 주장으로 형식화된다(Kuhn, 1983: 682).

1990년대에 쿤은 호이닝겐-후에네의 칸트주의 해석을 사실상 승인하면서 적극적으로 칸트주의적 형이상학을 전개하고자 했다. 특히 자신의 구조화된 어휘집이 칸트의 선험적 범주의 상대화된 형태라는 입장을 취한다. 말하자면, 쿤의 어휘집과 칸트의 범주는 모두 "세계에 대한 가능한 경험을 구성"한다는 것이다. 그것들은 경험이 어떠해야 하는지를 규정하는 것이 아니라 "실제 세계에서 일어나리라 상상할 수 있는 가능한 경험들의 무한한 영역을 구성한다"(Kuhn, 1993: 331). 쿤에 따르면, "어휘집은 칸트의 범주들과 같이 가능한 경험의 선제 조건을 제공한다. 그러나 어휘적 범주들은 칸트의 범주와 달리 시대에 따라서, 그리고 공동체의 변화에 따라서 변화할 수 있으며 실제로 변화한다”(Kuhn, 1991/2000: 104). 즉, 과학혁명이 발생하면 어휘집이 변화하고 어휘집에 의해 구성되는 가능한 경험의 영역이 변화한다.

패러다임 변화와 함께 세계가 변화하는 것은 아니나 과학자들은 변화한 세계에서 연구하게 된다는 『구조』에서의 주장은 모호했고 여러 가지 해석의 가능성을 남겼지만, 이후 쿤은 칸트적인 세계 구분을 도입하고 이를 변형함으로써 세계 변화 논제를 명료화하고 옹호했다. 이것은 혁명 이후 세계 자체는 동일하지만 과학자들이 연구하는 현상 세계는 변화한다는 것이고, 『구조』 10장에서 제시된 다소 모호한 주장에 관한 비교적 명료한 재구성이다. 쿤도 이러한 해석을 더 발전시키고자 했다. 그러나 앞서 필자는 언어적 전회에도 불구하고 쿤은 자연주의적 태도를 견지했으며, 그를 자연주의자로 해석함으로써 그의 통찰을 발전시킬 수 있다고 주장했다. 지금부터는 쿤에 대한 칸트적 해석 혹은 쿤의 칸트주의가 지닌 난점을 드러내고, 쿤에 대한 자연주의적 해석을 옹호할 것이다.

이론은 관찰 경험에 어떻게 개입하는가[3]

현상 세계의 다수성 논제를 도입하게 된 계기는 관찰의 이론적재성이 발생한 역사적 사건들의 존재다. 패러다임이나 이론

3 이 절의 내용은 천현득(2020)의 논의에 의존하고 있다.

이 변화하면 과학자들의 경험이 확장되고 변형된다. 혁명 이후 과학자들은 전에 볼 수 없었던 새로운 자연현상을 발견하기도 하고, 동일한 현상에서 새로운 면모를 발견하기도 한다. 세계 변화 논제는 이에 관한 하나의 설명적 가설로서 제안된 것이다. 현상 세계가 변화했다는 것은 그러한 사건들에 관한 최선의 설명을 제공한다.[4] 현상 세계는 세계 자체로부터 오는 자극과 과학이론의 어휘집으로부터 구성되며, 이렇게 구성된 현상 세계는 그 속에 거주하는 과학자들의 지각 경험에 영향을 미친다. 그러나 칸트주의적 설명이 대안들보다 더 나은 설명이 아니며, 진정한 의미에서 칸트적이라고 보기도 어렵다. 이를 입증하기 위해서는 먼저 설명의 대상이 되는 관찰의 이론적재성에 대해 따져 볼 필요가 있다. 특히 세계 변화 논제를 지지하기 위해 어떠한 형태의 이론적재성이 성립해야 하는지를 생각해 보아야 한다.

관찰의 이론적재성이 발생할 수 있는 수준은 세 가지다. 가장 높은 수준에서 관찰은 관찰 보고와 진술로 나타날 수 있다. 중간 수준의 관찰은 관찰 판단과 믿음을 뜻하며, 가장 아래 수준에서의 관찰은 관찰 경험 혹은 지각을 뜻한다. 이론이 변화하면 관

4 혹자는 현상 세계가 지각의 이론적재성에 대한 최선의 설명으로 제시된 것이 아니라, 지각의 이론적재성이 가능하기 위해 요청되는 것이라고 주장할 수도 있다. 여기서는 전자의 방식으로 논의를 진행하겠지만, 후자의 방식을 채택해도 논지는 달라지지 않는다. 아래에서 보겠지만, 지각의 이론적재성이 가능하기 위해 현상 세계의 다수성을 반드시 가정해야 하는 것은 아니기 때문이다.

찰 경험, 관찰 판단, 관찰 보고 등이 달라질 수 있다. 이러한 바탕 수준이 지각적 수준이라면, 중간 수준은 지각 경험을 바탕으로 형성된 판단과 믿음에 관한 것이므로 인지적 수준이고, 상위 수준은 판단과 믿음을 공적 언어로 표현한다는 점에서 언어적·의미론적이다. 이 가운데 가장 많이 논의된 형태는 의미론적 수준의 이론적재성이다. "경쟁하는 이론은 단 하나의 관찰 보고도 공유하지 않는다"는 파이어아벤트의 주장은 강한 형태의 의미론적 이론적재성에 해당한다. 그리고 쿤의 국소적 의미전체론은 약한 형태의 의미론적 이론적재성으로 이해될 수 있다. 관찰 진술의 의미론적 이론적재성에 따르면, 관찰은 이론중립적으로 서술될 수 없고, 관찰 용어는 이론적 가정을 배경으로 놓을 때에만 의미가 결정된다. 설령 동일한 용어를 이용해 실험 결과를 서술하더라도, 용어의 의미는 이론의 맥락에 의해 좌우되므로 결과에 대한 해석은 달라진다. 만일 관찰 용어의 의미론적 이론적재성이 성립한다면, 의미론적 공약불가능성으로 귀결될 수 있다. 그러나 세계 변화 논제와 직접 연관된 것은 지각적 수준의 이론적재성이다. 아래에서 우리는 지각적 관찰에 이론이 적재되는 두 가지 경우를 살펴볼 것인데, 그 전에 이론이 관찰에 영향을 끼치지만 진정한 이론적재성의 사례라고 볼 수 없는 경우를 배제하는 일부터 시작해 보자.

첫째, 새로운 이론의 도입으로 새로운 기구를 제작해 사용하면 과학자들에게 새로운 영역이 열린다. 새로운 기구를 사용하는 과학자들은 새로운 관찰을 하고 새로운 지각 경험을 가지겠지만,

이는 관찰의 이론중립성에 대해 어떠한 도전도 제기하지 않는다. 이론적 배경이 다른 과학자들이 동일한 기구를 사용한다면, 동일한 관찰 경험을 가질 것이기 때문이다. 따라서 이 경우에는 관찰에 이론이 적재되지 않는다. 둘째, 천문학의 역사에서 찾아볼 수 있는 '발견 이전의 관측pre-discovery observation'은 진정한 이론적재성의 사례가 아니다. 발견 이전의 관측이란, 어떤 천체가 공식적으로 발견되면, 천문학자들이 새로운 이론의 안내를 받아 기존 관측 자료들을 들추어내서 추가적인 자료를 확보하고자 하는 현상을 말한다. 예컨대, 포브스E. G. Forbes는 천왕성이 공식적으로 발견되었다는 선언 이전에 그 천체에 관한 관측이 22건 이상 있었음을 찾아냈다(Forbes, 1982). 천왕성 발견 이전에는 그러한 관측들이 무시되거나 잘못 해석되었다가, 발견 이후에야 비로소 재평가받게 된 것이다. 이는 공식적인 발견 이전에도 천문학자들은 해당 천체를 관측했으나 그것이 행성임을 확인하지 못했다는 해석이 자연스러울 것이다. 범주화에 실패한 과거 사례들이 다시금 행성의 범주로 인지된 과정은 이론에 의존한다고 볼 수 있으나, 이는 관찰 판단과 믿음에 관한 인지적 수준의 이론적재성일 뿐 지각 수준의 이론적재성은 아니다.

지각적 관찰의 이론적재성이 성립하기 위해서는, 서로 다른 이론을 가진 두 과학자(혹은 이론 변화를 겪은 한 과학자)가 동일한 영역을 관찰하면서 서로 다른 것을 경험할 수 있어야 한다. 이때 '이론을 가진 과학자'란 어떤 믿음과 이론적 지식이 그 과학자에게 귀속되어 있다는 사실 이상을 뜻한다. 믿을 만한 정보원으로부터 태양과 지구의 거리에 관한 지식을 얻었다고 해서, 혹은 학교에서 뉴턴의 운동 법칙을 방정식의 형태로 배웠다고 해서 그것이 곧바로 지각에 어떠한 영향을 끼칠 것이라 기대하기는 어렵다. 한 과학자가 어떤 이론하에서 연구한다는 것은 적어도 두 가지 요소를 포함해야 한다. 첫째, 이론을 가진 과학자는 이론에 포함된 개념과 개념의 연결망을 습득해 이를 현상에 적용할 수 있다. 뉴턴 이론을 가진 과학자는 그 방정식을 적절한 문제 상황에 적용하여 물체의 운동을 서술할 수 있어야 한다. 둘째, '이론을 가졌다'는 것은 이론적 헌신theoretical commitment으로 독해해야 한다.[5] 과학자가 자신이 채택한 이론에 따라 세계를 파악하고 이해하는 데에는 시간과 노력이 소요된다. 그리고 자신이 채택한 이론이 기본적으로 옳다고 믿고, 이 이론에 헌신하는 것이 차후 연구에도 바람직하다는 신념을 가지고 있지 않으면, 그러한 시간과 노력과 비용을 투자할 수 없다. 과학자가 이론을 가졌다는 것은 그 이론이 옳다는 확신이 없다면 하지 않았을 노력과 훈련에 기꺼이 참여함을 뜻한다.

5 한 실험에 따르면, 회색으로 변형된 바나나를 모니터에 제시하자 실험 참여자들은 이를 노란색으로 경험했다(Hansen et al., 2006). 사람들이 그러한 지각을 가지게 된 것은 바나나를 오랫동안 경험하고 체험적으로 바나나가 노란색임을 알고 기대했기 때문이지, 실험 직전에 바나나가 노란색임을 명제적으로 믿었기 때문이 아니다.

이제 서로 다른 이론에 헌신한 두 과학자(혹은 이론 변화를 겪은 한 과학자)가 서로 다른 관찰 경험을 가질 수 있는 두 경우를 살펴보자. 첫 번째는 채움filling-in 현상이다. 채움 현상은 시각 처리 과정이나 언어 처리 과정에서 발생하는 하향식 효과로 잘 알려져 있다. 문장에서 중간에 가려진 부분이 있을 때 청자는 존재하지 않는 부분을 채워 넣어서 듣게 되는데, 이를 음소 복원 현상phoneme restoration phenomenon이라고 한다(Samuel, 1981). 예컨대, '고사리'에서 'ㅅ' 자리를 소음으로 대체하고 들려주어도 사람들은 정상적으로 '고사리'라고 듣는다. 문자를 지각할 때도 그와 유사한 현상이 발생한다. 예컨대, 대문자 A인지 H인지 애매한 문자를 제시하면 사람들은 그 문자가 들어가 있는 맥락에 따라서 A 혹은 H로 읽어 낼 수 있다. 물론 채움 현상의 본성과 발생 원인에 관해서는 여러 설명이 있을 수 있고, 모든 채움 현상이 지각적 관찰의 이론적재성 사례가 되는 것은 아니다. 가려진 부분이나 구체적인 정보가 결여된 부분을 채워 넣을 때, 그 정보가 상위 인지나 이론으로부터 유래한 경우에만 이론적재성의 사례가 된다. 만일 채우는 정보가 시각 모듈이나 청각 모듈 안에 이미 있다면 이러한 사례는 이론적재성을 지지하지 않는다.

과학사의 한 사례는 이론에 의해 유도된 채움 현상의 좋은 예다. 근대 관측천문학의 문을 연 갈릴레오는 그의 망원경으로 목성의 위성들을 관찰했다. 그 후, 토성을 처음 관측했을 때 그는 커다란 행성인 토성 주변의 위성들을 발견하고 이를 그림으로 그렸다. 토성에 대한 초기 관측들을 조사한 반 헬던A. van Helden(1974)에 따르면, 그 후 수십 년 동안 천문학자들은 망원경으로 토성을 관측하면서 그림으로 옮겼는데, 모두 위성을 가진 커다란 행성으로 그렸다. 어느 누구도 고리를 가진 토성으로 묘사하지 않았던 것이다. 행성은 위성을 가진다는 믿음이 토성과 그 주변부를 지각하는 데 변형을 가한 것으로 보인다.

물론 과학자가 고리를 본 것이 아니라 희미한 상을 보고 그것을 위성으로 '판단'한 것은 아닌지 의문을 제기할 수도 있다. 만일 그런 경우라면, 이론이 영향을 미친 것은 관찰 경험이 아니라 관찰 판단이다. 천문학자들의 이론적 믿음과 기대가 지각에 영향을 미친 것이 아니라 희미한 상을 개념적으로 해석하고 보고하는 데에 영향을 미쳤을 뿐이다. 그러나 이러한 대안 가설은 과학자들이 망원경을 통해 관측하면서 직접 그림을 그렸다는 사실에 의해 기각된다. 여기서 어떤 대상의 그림을 그리는 행위는 지각 내용을 순수하게 있는 그대로 옮긴다고 주장하는 것은 아니다. 그러나 천문학자들의 그림이 그들의 지각 경험을 신빙성 있게 반영할 것이라 추측할 수 있는데, 여기에는 두 가지 이유가 있다. 첫째, 천문학자들은 관측 대상에 대한 사실주의적 그림을 추구했다(Winkler and van Helden, 1992). 둘째, 그들은 망원경으로 한 번 관측한 내용을 기억해서 그린 것이 아니라, 망원경으로 행성을 관측하면서 보이는 상과 그림을 비교해 가며 그렸다(van Helden, 1974). 이러한 사실들을 감안할 때, 자신이 보는 것을 그림으로 옮겼던 과학자들에게는 토성이 (고리가 아니라) 위성을 가진 행성으로 보였다는 것이 타당한 해석이다.

이 사례는 과학자들의 믿음과 기대가 그들의 관찰 경험에 영향을 끼친다는 주장을 뒷받침해 준다. 이는 천체를 관측하는 데 사용된 망원경으로는 해당 천체에 대한 뚜렷한 상을 얻을 수 없었기 때문에 가능했다. 관측을 통해 얻은 상 자체는 고리 또는 위성으로 보이거나 해석될 수 있는 애매한 상태였는데, 행성은 대체로 원형이며 위성을 가진다는 믿음을 가진 과학자에게 그것은 위성을 가진 행성으로 보였을 것이다. 이는 다른 사례들로도 일반화될 수 있다. 초기에 새로 개발된 해상도가 좋지 않은 관측 장치를 사용할 때, 과학자들은 다소 불분명한 상을 얻을 수밖에 없었다. 이때 과학자들이 가진 이론은 그 상을 보는 방식에 영향을 미칠 수 있다. 즉, 이론에 의해 유도된 채움 현상이 발생한다. 이는 지각적 관찰의 이론적재성이 발생하는 한 가지 방식이다.

관찰 경험이 이론의 영향을 받는 두 번째 방식은 현저성salience과 관련된다. 현저성은 이론이 관찰하는 대상의 여러 특징 가운데 어떤 것을 다른 특징들보다 두드러져 보이게 만드는 것을 말한다. 동일한 대상을 보더라도 두드러진 특징이 관찰자마다 다르다면, 그들은 서로 다른 관찰 경험을 가지고 있을 수 있다. 진자에 대한 갈릴레오와 아리스토텔레스주의자의 관찰을 생각해 보자(*SSR*, 123-124). 갈릴레오와 아리스토텔레스주의자가 동일한 진자를 관찰하더라도, 그들은 동일한 특성에 주목하지 않을 것이다. 아리스토텔레스주의자들은 진자가 지구 중심으로 향하는 운동에 제약받아 흔들리는 것으로 이해했지만, 갈릴레오는 진자를 속박된 원형 운동이라고 보았다. 진자 운동에 대한 이러한 상이한 이론적 이해는 진자의 서로 다른 측면을 두드러지게 만든다. 아리스토텔레스주의자들은 매달린 추의 무게, 그것이 달린 수직 높이, 그리고 정지하는 데 걸리는 시간에 주목했지만, 반지름이나 움직인 각도, 진자가 돌아오는 데 걸리는 시간은 무시했다. 반면에 갈릴레오는 반지름, 각도, 흔들리는 주기에 주목하여 이를 측정했다. 서로 다른 개념틀과 믿음은 주어진 대상을 어떻게 관찰할지에 영향을 주고, 서로 다른 관찰을 통해 서로 다른 경험을 가지게 된다. 이러한 현상을 '주의를 매개로 한 하향식 영향attention-mediated top-down effects'이라고 부른다(Marchi, 2017; Mole, 2015). 이 경우, 관찰 경험에는 이론이 적재된다.

이러한 사례들이 지각적 관찰의 이론적재성을 뒷받침하는 것으로 간주되려면, 선택적 주의가 이론적 헌신에 의해 추동된 것이어야 하고, 선택적 주의 메커니즘이 단지 관찰 판단이 아니라 관찰 경험에 영향을 끼쳐야 한다. 위의 사례에서 상이한 역학 이론에 헌신한 과학자들은 동일한 진자 움직임을 서로 다른 방식으로 경험하게 되므로, 이론에 의해 추동된 주의 메커니즘이 관찰 경험에 영향을 미쳤다고 볼 수 있다. 그런데 혹자는 영향을 받은 것은 관찰 경험이 아니라 관찰 판단이 아니냐고 의문을 제기할지도 모른다. 어쩌면 갈릴레오와 아리스토텔레스주의자는 동일한 관찰 경험을 가졌지만 상이한 관찰 판단에 도달했을 수도 있다는 것이다. 이런 대안적 가설을 기각하기 위해, 토끼-오리 그림을 생각해 보자. 우리가 동일한 2차원 그림에서 토끼나 오리를 읽어 내고 또 다르게 경험하는 것은 그 그림의 다른 부분들에 집중

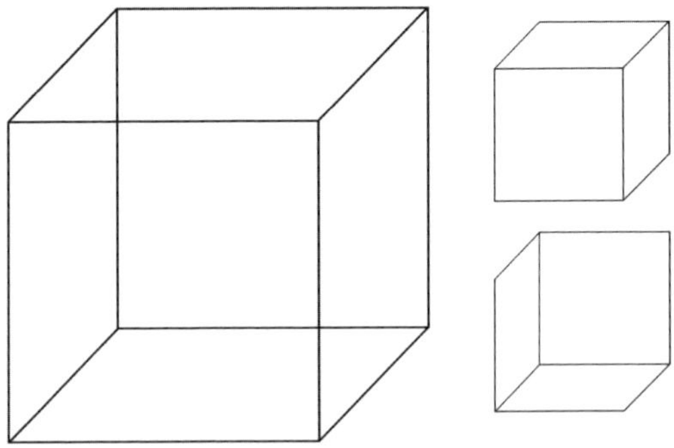

그림 1. 네커 큐브

해서 보기 때문이다. 예컨대, 토끼의 귀에 주목하는지 아니면 오리의 부리에 주목하는지에 따라 동일한 자극이 다르게 경험될 수 있다. 네커 큐브도 유사한 사례로 볼 수 있다. 즉, 어느 꼭짓점에 주목하는지에 따라서 상이한 경험을 가질 수 있다. 물론 이러한 사례들에서 선택적 주의가 이론에 의해 추동된 것은 아닐지라도, 주의 메커니즘이 관찰 판단이 아니라 관찰 경험에 영향을 끼친다는 점은 확인할 수 있다.

회의론자는 다음과 같이 질문할 수 있다. 이러한 사례들에서 우리가 보는 것은 단순한 선들과 형태들의 조합일 뿐이지만, 과학자들이 가지는 복잡한 관찰 경험, 특히 진자에 대한 관찰 경험은 이와 다르지 않은가? 그러나 우리는 점, 선, 면, 형태, 색만을 지각적으로 경험하는 것이 아니다. 당신이 달마티안 강아지의 일부를 그린 그림을 보고 있다고 하자. 처음에는 검은 점과 흰 점이 마구 섞여 있는 것처럼 보일 수도 있다. 그러나 그림에 강아지가 그려져 있다는 정보를 알게 되면 재빨리 달마티안을 알아차려서 우리의 시각적 경험의 내용도 변화한다. 우리는 검고 흰 점들을 보는 것이 아니라 그것들의 구조화된 패턴으로서 달마티안 강아지를 보는 것이다(Newen, 2017). 훈련받은 전문가가 회화를 감상할 때 그들의 지각 경험은 단순한 선, 형태, 색에 국한되지 않는다. 훈련받은 과학자가 세계를 관찰할 때 그들의 지각 경험도 마찬가지다.

그러나 회의론자들은 아직 만족하지 못할 수 있다. 우리가 정교한 패턴을 인식함으로써 풍부한 지각 경험을 가질 수 있다고 하더라도, 어디까지나 정적인 패턴에 국한된다. 그렇다면 진자의 운동에 대한 지각에 이를 적용하기는 어렵지 않은가? 하지만 그렇지 않다. 최근 축적된 연구들에 따르면, 우리는 사물들을 지각할 때 그 사물들뿐 아니라 그것들을 다루는 다양한 가능성들까지 함께 지각한다. 깁슨J. J. Gibson의 용어를 빌리자면, 우리는 사물들의 여러 특징과 함께 사물들의 행위유도성affordance을 함께 지각한다(Gibson, 1979). 예컨대, 우리가 컵을 지각하면, 그것은 우리에게 (물론 충분한 주의를 주고 동기가 있다면) 손을 뻗어 손잡이를 부여잡을 수 있도록 유도한다. 단지 사물들을 바라보기만 해도 두뇌에서는 운동 영역이 활성화된다는 연구 결과들은 이를 뒷받침한다(Chao and Martin, 2000; Proverbio et al., 2011). 지각 능력이 훈련된 경우, 우리가 단순한 기초 단위뿐 아니라 복잡한 패턴을 지각한다는 사실과 사물들의 정적인 패턴뿐 아니라 행위유도성을 함께 지각한다는 사실을 결합해 보면, 갈릴레오와 아리스토텔레스주의자는 진자에 대한 상이한 지각 경험을 가진다는 주장을 뒷받침할 수 있다.

요컨대, 이론에 의해 유도된 채움 현상과 현저성에 따라 이론은 관찰 경험에 영향을 미칠 수 있다. 이 두 가지가 과학적 관찰에서 나타나는 모든 유형의 이론적재성을 포괄하는 것은 아닐지라도, 이론적재성이 나타나는 흥미로운 방식들을 알려 준다.

칸트주의 해석의 난점

우리는 관찰 경험의 이론적재성이 나타나는 두 가지 대표적인 방식, 즉 채움 현상과 현저성을 살펴보았다. 일반적으로 모호한 자극을 받는 경우, 서로 다른 이론에 헌신한 과학자들은 상이한 방식으로 자극의 빈틈을 채워 넣을 수 있고, 그럼으로써 상이한 지각 경험을 가질 수 있다. 또한, 상이한 이론에 헌신한 과학자들은 동일한 대상 영역을 보더라도 다른 부분에 주의를 집중함으로써 서로 다른 관찰 경험을 가질 수도 있다. 문제는 이러한 이론적재성에 대해 현상 세계의 다수성 논제가 최선의 설명을 제공하는가이다. 현상 세계의 다수성 논제가 타당성을 획득하려면, 그것은 관찰 경험의 이론적재성에 대해 체계적이고 법칙적인 설명을 제공할 수 있어야 한다. 그러나 현상 세계의 다수성 논제는 그러한 설명적인 역할을 수행하지 못한다.

쿤에 따르면, 과학혁명이 발생하면 과학자들은 이전의 어휘집과 다른 어휘집을 가지고 세계에 새로운 구조를 부여한다. 새롭게 구조화된 현상 세계는 과거의 현상 세계와 다른 세계이며, 새로운 현상 세계에 속하는 과학자는 과거의 현상 세계에서 경험하던 것과 다른 경험을 가진다. 도식화하자면, 혁명적인 이론의 변화는 한 어휘집이 번역불가능한 다른 어휘집으로 대체되는 것이고, 변화된 어휘집과 분류 구조는 상이한 현상 세계를 구성함으로써 과학자들은 다른 관찰 경험을 가진다. 그러나 분류학적 전환으로서의 과학혁명과 관찰 경험에서의 변화 사이에 체계적이고 법칙적인 관계가 성립하는지는 의문스럽다.

한편으로, 과학자들의 지각 경험 변화는 혁명적인 이론의 변화 없이도 나타날 수 있다. 주의를 매개로 한 현저성의 사례로서 토끼-오리 그림을 생각해 보자. 동일한 그림을 토끼로 보는 사람과 오리로 보는 사람이 서로 공약불가능한 이론(토끼 이론과 오리 이론)을 가지고 있는 것은 아니다. 물론 하나의 그림에서 사람들마다 다른 경험을 하는 데에는 각자의 지각적 훈련이나 배경지식이 작용했겠지만, 과학이론의 어휘집이 변화하지 않아도 그러한 변화는 일어날 수 있다. 이는 물론 과학적 사례는 아니지만, 우리가 이미 살펴본 바 있는 과학사에서도 동일한 점을 지적할 수 있다. 예컨대, 채움 현상에서 사례로 언급된 토성의 시각적 상의 변화는 코페르니쿠스 혁명처럼 분류학적 전환이 발생했기 때문에 생겨난 것이 아니다. 행성은 구형이며 위성을 가진다는 믿음이 토성의 고리를 보지 못하게 했던 것이다. 그러한 믿음을 포기한 것은 천문학의 역사에서 중요한 변화이지만, 과학혁명이라고 정의될 만한 분류학적 전환은 아니었다. 그렇다면 지각 경험의 변화를 위해 혁명적 이론 변화가 필요하지는 않고, 관찰 경험의 이론적재성을 설명하는 데 분류학적 전환으로 인한 상이한 현상 세계의 구성은 필요하지 않다.

또한 혁명적인 이론 변화가 생겨난다고 해서 반드시 과학자들의 지각 경험을 바꾸는 것도 아니다. 칸트주의자가 분류학적 전환이 다른 지각 경험을 가지는 데 필요하지 않다는 점을 인정하더라도, 그는 최소한 경험을 변화시키는 데 충분하다는 것은 보여야 한다. 그러나 이것 또한 사실이 아니다. 대표적인 역사적 사례인 코페르니쿠스 혁명을 생각해 보자. 혁명 이전과 이후의 천문학자들이 상이한 경험을 가지게 되었다는 것은 부정할 수 없다. 갈릴레오는 망원경을 제작하고 개량함으로써 관찰할 수 있었던 달, 태양, 목성의 위성 등은 과거 천문학자들이 볼 수 없었던 영역이었다. 그러나 이러한 기구 제작을 통한 현상의 확장은 세계 변화 논제를 뒷받침하지 못한다. 관찰 경험의 이론적재성이 성립하려면, 상이한 이론에 헌신한 과학자들이 동일한 기구를 통해 동일한 영역을 보더라도 서로 다른 것을 보아야 한다. 갈릴레오의 망원경 사례는 이를 지지하는 경우가 아니다. 마찬가지로 코페르니쿠스의 시각 경험이 그 이전의 천문학자들과 달랐다고 볼 근거도 없다. 천문학 혁명에서 중요한 경험적 근거를 제공한 신성과 혜성을 맨눈으로 관측한 사람은 코페르니쿠스의 새로운 우주 체계에 반대했던 튀코 브라헤Tycho Brahe였다. 따라서 그가 코페르니쿠스 우주 체계를 받아들였기 때문에 새로운 관측이 가능했던 것은 아니다. 이 외에도 다윈의 진화론 이후 생물 분류 방식이 변화했다고 해서, 분류학자들의 시각 경험이 달라진 것은 아니고, 라부아지에의 화학혁명으로 인해 화학자들의 관찰 경험이 달라졌다고 보기도 어렵다.

그러나 이러한 설명이 혁명적 이론 변화로 인해 시각 경험이 달라지는 경우가 없다는 뜻은 아니다. 현저성을 통한 이론적재성의 사례에서 보았듯이, 갈릴레오와 아리스토텔레스주의자는 진자에 관한 다른 시각 경험을 가졌다. 그러나 분류 범주의 변화로서의 과학혁명이 과학자들의 관찰 경험을 체계적이고 일반적으로 변화시켰다고 믿을 이유는 없다. 결국, 두 가지 비판을 종합해 보면, 어휘집이나 분류 범주가 변화해도 지각 경험은 동일할 수 있고, 범주들과 관계없이 지각 내용이 변화할 수도 있다.[6] 분류학적 전환과 시각 경험의 변화는 동기화되어 있지 않다. 분류학적 전환으로 구성된 새로운 현상 세계는 관찰의 이론적재성을 법칙적으로 설명하지 못한다.

현상 세계의 개념이 그것이 마땅히 가져야 할 설명력을 빼앗는다면, 우리는 세계 변화 논제에 대한 칸트주의적 해석을 받아들일 이유가 없다. 게다가 이러한 비판은 제안된 해석이 진정으로 칸트적일 수 있는지에 관해서도 의문을 제기한다. 칸트주의 해석에 따르면, 현상 세계는 자극과 함께 범주들에 의해 구성되고, 지

6 지각 경험이 달라지는 경우에만 혁명적인 변화라고 주장할 수도 있겠지만, 이는 쿤이 받아들일 수 있는 주장은 아니다. 첫째, 이는 과학혁명을 분류학적 전환으로 규정하는 쿤의 시도와 반대된다. 둘째, 그 주장에 따르면 과학혁명의 수는 상당히 감소할 것이고, 이는 혁명의 편재를 주장했던 『구조』의 내용에 위반된다.

각 경험은 이 현상 세계에 의해 부분적으로 결정된다.[7] 그렇기에 범주들은 지각 경험의 내용을 결정하는 중요한 요소다. 앞선 논의가 옳다면, 분류 범주들은 지각 경험을 결정하지 못한다. 그렇다면 칸트주의적 쿤 해석의 옹호자는 다음과 같은 선택에 직면한다. 그는 세계가 가변적인 범주들에 의해 구성된다는 점을 부정하거나, 현상 세계가 관찰 경험을 결정한다는 것을 부정해야 한다. 만일 전자를 택하면, 현상 세계가 객관적 계기와 주관적 계기의 결합에 의해 구성된다는 점을 거부한다는 점에서 칸트주의라고 볼 수 없고, 후자를 택하면 현상 세계가 가져야 할 설명력이 결여된다는 점에서 세계 개념을 의문시하므로 진정한 칸트주의로 볼 수 없다. 따라서 어느 쪽이든 칸트주의의 기준에는 미치지 못한다. 공유된 어휘집과 분류 구조는 대상들을 서술하고, 일반화하고, 공동체 구성원들과 의사소통하기 위한 전제 조건이지만, 지각 경험을 특정한 방식으로 가지기 위한 전제 조건이 될 정도로 강력한 것은 아니다.

칸트주의가 아니라면 세계 변화 논제는 어떻게 이해되어야 하는가? 쿤이 '세계 변화 논제'를 주장했다고 해석되는 『구조』 10장은 「세계관의 변화로서의 혁명」이라는 제목을 달고 있다. 세계관의 변화는 세계의 변화보다 훨씬 온건하고 유연하다. 세계는

7 동일한 현상 세계에서 모두 동일한 지각 경험을 하는 것은 아니다. 현상 세계를 공유한다는 것은 가능한 경험의 영역을 공유한다는 것이다. 동일한 세계에서도 다른 감각기관을 갖고 다른 자극에 노출되면 다른 지각 경험을 가진다.

객관적 계기와 주관적 계기의 결합으로 구성되지만, 세계관은 과학자들이 공유하는 것이다. 그래서 과학혁명 시기에 일어나는 일이 사실 세계관의 변화라는 주장은 부담 없이 받아들여질 수도 있다. 세계를 보는 관점이 달라지면 현상이 확장되고 동일한 것을 보더라도 다르게 볼 수도 있기 때문이다. 그러나 여기에는 두 가지 문제가 있다.

첫째, 현상 세계의 다수성 논제가 지각적 변화를 설명하기 위해 현상 세계를 도입한 것처럼, 세계관의 변화를 통해 지각적 변화를 설명하고자 한다면 위에서 지적된 문제와 동일한 문제에 직면하게 된다. 사실 앞선 논의는 과학혁명과 지각적 변화 사이의 법칙적 연결에 관한 회의론을 함축하는데, 과학혁명이 세계관의 변화를 낳고 그것이 체계적으로 지각적 변화를 일으킨다는 주장 역시 동일한 회의론에 취약하다. 세계관이 변화하는 계기와 시각적 변화가 발생하는 계기가 동일하지 않기 때문이다. 세계 변화든지 세계관의 변화든지, 지각 경험의 이론적재성에 대한 설명으로써 제시된다면 그것은 성공할 수 없다. 둘째, 세계관과 그것의 변화란 선명하게 정의되지 않은 모호한 개념들이다. 한편으로 혁명 이후 세계관이 변화한다는 것은 너무 당연해 보이고, 다른 한편으로는 정확히 무엇이 달라진다는 것인지 불분명하다. 『구조』 9장에서 쿤은 혁명 이후 모범적인 문제 풀이와 해결책의 표준이 달라지고 새로운 장치와 수학적 도구들이 도입된다는 점을 지적한 바 있다. 즉, 혁명 시 과학을 수행하는 방식이 달라진다는 것이다. 세계 변화 논제는 혁명 시 단지 과학이 달라질 뿐 아니라 세계 혹은 세계관이 달라진다고 진술한다. 그러나 달라지는 것이 구체적으로 밝혀지지 않는다면, 이는 어떠한 설명력도 가질 수 없다.[8]

칸트주의 해석의 주된 동기는 세계 변화 논제를 명료화하고 옹호하려는 것이다. 그런데 칸트주의 해석이 그러한 역할을 수행하지 못한다면, 자연주의는 세계 변화에 관해 어떠한 해석을 제시할 수 있을까? 세계 변화에 대한 자연주의적 해석 가운데 하나는 버드의 심리학적 독해다.[9] 버드는 세계를 한 개인의 준직관적 연결과 패턴들의 총체로 보고, 그러한 준직관적 연결과 인지적 습

---

8 공약불가능성이 분명한 형이상학적 함의를 가진다는 믿음이 팽배하다. 한편에서는 공약불가능성이 실재론을 효과적으로 비판한다고 보고, 다른 쪽에서는 실재론이 옳기 때문에 공약불가능성을 거부해야 한다고 주장한다. 공약불가능성 논제에 대한 실재론자들의 대표적 대응은 소위 '지시적 대응'인데, 의미론적 공약불가능성에 따라서 용어의 의미가 변화하더라도 그 용어의 지시체는 연속적이거나 안정적이기 때문에, 합리적인 이론의 비교나 진보가 가능하다는 것이다(Sankey, 1994; Scheffler, 1967). 칸트주의자인 호이닝겐-후에네는 이러한 대응이 실재론의 형이상학을 이미 가정하기 때문에 논점을 선취한다고 비판한다(Hoyningen-Huene et al., 1996; Oberheim and Hoyningen-Huene, 1997). 소위 메타-공약불가능성의 문제가 발생한다는 것이다. 실재론자와 칸트적 반실재론자를 둘러싼 논쟁(Devitt, 2001; Hoyningen-Huene and Oberheim, 2009; Sankey, 2008; 2009a; 2009b)에 관해서는 필자의 논문(Cheon, 2014)을 참조할 수 있다. 이에 따르면, 역사적 사실로서의 공약불가능성에 대해서는 다양한 해석이 가능하며, 공약불가능성만으로는 특정한 형이상학적 입장을 지지하기 어렵다.

9 이 책의 5장 '패러다임에 대한 버드의 자연주의적 해석' 절을 참고하라.

관에서의 차이를 공약불가능성으로 해석한다. 이는 '세계 변화'에 대한 문자적 해석을 포기하고 사실상 은유적으로 해석한 것이다. 버드의 해석하에서 (객관적으로 존재하면서 탐구의 대상이 되는) 세계는 변화하지 않는다. 개인의 인지적 경향성과 준직관적 연결의 패턴이 변화할 뿐이다. 나는 공약불가능성에 대한 심리적 독법이 잘못되었음을 이미 지적한 바 있다. 필요한 것은 개인의 심리가 아니라 공동체 수준의 해석이다.

세계 변화 논제는 공약불가능성의 한 측면임을 상기하자. 혁명 이전과 이후의 이론들은 존재론적으로 공약불가능하며, 다시 말해 혁명 이전과 이후의 이론들은 양립할 수 없는 존재론적 주장을 포함하고 있다. 예컨대, 데카르트 자연학과 뉴턴의 물리학은 상이한 존재론에 기반을 둔 연구 프로그램이고, 고전 역학과 상대론적 역학도 존재론적으로 공약불가능하다. 쿤의 후기 저술에서 공약불가능성은 어휘적 분류 구조의 변화로 인한 국소적 번역불가능성으로 재정의된다. 이러한 정의하에서 공약불가능성은 표면적으로는 언어적·의미론적 개념이지만, 심층적 측면은 존재론적이다. 한 이론의 어휘집은 세계를 나름의 방식으로 구조화하고 분류하고, 특정한 방식의 유사성 및 차이 관계를 함의한다. 즉, 어휘적 분류 구조는 과학공동체가 가지는 존재론적 지식을 반영한다. 그러나 이론이 변화하면 그러한 존재론적 지식이 변화하고, 존재론적 지식의 변화는 유사성에 대한 지각을 변형시킨다. 혁명 이후 과학자들의 지각 경험이 일반적으로 변화하는 것은 아니며, 변화하는 것은 유사성과 차이에 대한 지각이다. 과학자들은 어떤 대상이 다른 대상과 유사한지 아닌지, 주어진 문제 상황이 다른 문제 상황과 동일한 종류인지 아닌지에 대해 (숙고하거나 추론하는 것이 아니라) 지각하며, 이러한 유사성 지각의 변화는 유사성 관계, 즉 분류 구조의 변화로부터 발생한다. 요컨대, '세계 변화'란 분류 구조와 유사성 관계를 포함하는 존재론적 지식의 변화로 해석되어야 하며, 그러한 변화는 유사성 지각의 이론적재성을 설명한다. 다음 장에서는 존재론적 지식의 변화, 즉 존재론적 전환이 가장 중요한 의미에서 과학혁명을 특징짓는다는 주장에 대해 살펴본다.

7. 과학혁명, 분류학적 전환을 넘어 존재론적 전환으로

쿤의 후기 저술에서 과학혁명은 분류학적 전환을 동반한 이론의 변화로 묘사된다. 혁명이 발생하면 오래된 분류 체계는 그것과 양립할 수 없는 새로운 분류 체계로 대체되며, 이러한 분류학적 전환으로 인해 번역불가능성, 즉 공약불가능성이 생겨난다. 이 장에서는 분류학적 전환으로서의 과학혁명이라는 쿤의 주장을 언어 발달, 신경과학, 과학교육의 경험적 연구 등을 통해 확장하고 일반화함으로써, 과학혁명이 일종의 존재론적 전환임을 보이고자 한다. '존재론적 전환'이란 과학적 개념들을 표상하는 존재론적 범주들이 이론 변화와 함께 변화하는 것을 의미한다. 어떤 개념들은 나무나 새와 같은 대상들을 가리키지만, 어떤 개념들은 번개와 같은 사건을 가리키고, 또 어떤 개념들은 과정이나 인과적 메커니즘을 표상하기도 한다. 일상적 개념과 마찬가지로, 과학적 개념은 다양한 존재 방식을 표상하고, 현상을 설명하고 예측하도록 돕는다. 상이한 개념들은 상이한 범주들을 표상한다.

흔히 대상과 사건은 두 가지 주요한 존재론적 범주로 간주된다.[1] 이러한 범주의 구분이 실제 인지 과정에 끼치는 영향을 살펴보기 전에, 우선 구분 자체에 관해 살펴보자(Casati and Varzi, 2010; Chen, 2007; Chi, 1992; Keil, 1979). 첫째, 대상과 사건은 존재의 양태가 다르다. 대상은 존재하고 작용하는 반면, 사건은 일어나거나 발생한다. 둘째, 시공간과 관계를 맺는 방식이 서로 다르다. 대상은 공간 안의 특정한 위치를 점유한다는 점에서 공간적이지만, 선명한 시간적 경계를 가지지 않는다. 대상은 시간을 관통하여 존재하며, 이러한 존재의 지속성으로 인해 대상들을 시간의 차원과는 독립적으로 기술할 수 있다. 반면, 사건은 특정한 위치를 점유하지 않는다. 사건은 시간을 관통해 지속되지 않고 한 상태에서 다른 상태로, 한 위상에서 다른 위상으로 변화한다. 셋째, 대상은 공간 점유에 관해 유일성 조건과 배타성 조건을 만족한다. 유일성 조건이란 어떤 것이 주어진 시간에 특정한 한 장소에만 존재한다는 것을 뜻하고, 배타성 조건이란 어떤 것이 동일한 장소에 둘 이상 위치할 수 없음을 뜻한다. 만일 한 대상이 떨어져 있는

---

1 이 글에서 '사건'으로 불리는 존재론적 범주는 사실 매우 넓은 범위의 존재론적 범주를 뜻하며, 상태, 과정, (좁은 의미의) 사건, 활동, 상호작용을 하위 범주들로 포함할 수 있다. 그러나 이 글의 목적을 위해, 사건은 대상 범주에 대별되는 가장 큰 범주의 이름을 통칭하도록 한다. 세부적인 차이는 이 책의 중심 논제에 크게 영향을 미치지 않는다.

두 위치에 동시에 존재한다면 이는 유일성 조건을 위배하게 되고, 서로 다른 대상이 동일한 위치에 놓인다면 이는 배타성 조건을 위배하게 된다. 이에 반해, 사건은 유일성 조건과 배타성 조건을 만족하지 않는다. 사건이나 과정은 주어진 시간에 여러 장소에서 발생할 수 있고, 둘 이상의 사건이 같은 영역에서 일어날 수도 있다. 넷째, 대상은 추가적으로 세분화될 수 있는 위계적 구조를 가지는 반면, 사건이 전반적으로 위계적으로 세분화될 수 있는지는 분명치 않다. 대상이 위계적으로 조직되는 한 가지 예를 들자면, 대상은 자연물과 인공물로 나눌 수 있고, 자연물은 다시 생명체, 화학물 등의 하위 범주들로 나눌 수 있다. 그리고 각 하위 범주들도 추가적으로 세분화될 수 있다.[2]

존재론적 범주들이 인지 과정에 끼치는 영향: 언어학적 증거

존재론적 범주 구분은 단순히 형이상학적 구분이 아니다. 범주들과 그 차이에 관한 믿음은 여러 방식으로 우리의 인지 과정에 영향을 미친다. 다음의 사례에서는 존재론적 믿음이 문장의 이해에 끼치는 영향을 볼 수 있다. 다음 두 문장을 비교해 보자.

2 그러나 이 장의 목표는 형이상학적 존재론의 체계를 확립하는 데 있지 않다. 대신, 사람들은 자신들이 사용하는 개념과 관련되어 있는 존재론적 범주들에 관해 어떤 생각을 가지며, 그러한 존재론적 믿음이 인간의 인지 과정에 깊숙이 개입함을 보임으로써, 존재론적 범주가 개념을 다루는 이론에서 핵심적임을 보이고자 한다.

(가) 우유는 빨갛다.

(나) 참새는 한 시간 걸린다.

위의 두 문장은 참인가, 또한 문장의 뜻은 통하는가? 우리는 (가)의 문장을 거짓이지만 이해할 수 있다고 보고, (나)의 문장은 말이 되지 않는다고 판단한다. 이렇게 특정한 용어와 술어의 조합을 제시하고, 그것이 뜻이 통하는지 아닌지를 판단하도록 하는 것은 언어적 서술가능성 시험 혹은 이해가능성 시험이라고 부른다(Chi, 1992; Keil, 1979; 1983). 여기서 어떤 용어에 결합된 술어의 서술가능성은 문장의 진릿값과는 무관함을 알 수 있다. 그렇다면 특정한 문장이나 용어-술어 조합이 변칙적이라거나 뜻이 통한다고 판단하는 이유는 무엇일까? 이에 대한 유력한 답변으로 '존재론적 지식'에 호소하고자 한다. 존재론적 지식이란, 세계에 어떤 종류의 존재들 혹은 어떤 범주들이 있는지에 대한 믿음을 뜻하는데, 이 믿음이 의미론적 지식과 개념적 지식을 규제한다. 프랭크 케일Frank Keil에 따르면, 명사와 술어가 서로 다른 존재론적 범주를 나타내는 경우, 그러한 명사-술어 조합은 변칙적인 것으로 판단된다(Keil, 1979). 이런 설명을 위해서는 먼저 각 용어와 술어가 동일한 존재론적 범주를 나타내는지 아니면 상이한 범주를 나타내는지를 어떻게 알 수 있는지, 동일한 존재론적 범주를 나타낸다는 것이 무엇을 의미하는지를 해명할 필요가 있다.

특정한 용어-술어 결합이 뜻이 통하거나 통하지 않는다는 판단은 언어 사용과 관련된 추가적인 요소들을 고려해야 하므로,

존재론적 지식으로부터 직접 유추할 수 있는 것은 아니다. 케일에 따르면 양자는 서술가능성 지식, 즉 어떤 부류의 술어들이 어떤 부류의 용어와 말이 되게 결합될 수 있는지에 대한 위계적으로 구조화된 지식을 매개로 연결된다. 서술가능성 지식은 '서술가능성 나무'의 형태로 요약될 수 있다.

서술가능성 나무를 이해하기 위해서는 그것이 전제하는 범주 이론을 이해할 필요가 있다. 여기서 케일은 버트런드 러셀Bertrand Russell의 이론과 길버트 라일Gilbert Ryle의 이론의 종합으로 간주될 수 있는 프레드 소머스Fred Sommers의 범주 이론을 채택한다. 이 이론들은 모두 '포괄span' 개념을 도입하면 일목요연하게 정리될 수 있고, 서술가능성 나무도 '포괄' 개념을 통해 이해될 수 있다. '포괄'은 다음과 같이 규정된다.

> 한 용어와 한 술어의 결합이 유의미하고 진릿값을 부여할 수 있는 경우에만 그 술어는 해당 용어를 포괄한다.

러셀의 유형 이론은 어떤 용어들이 동일한 유형인지 판단할 수 있는 기준을 제시한다. 이에 따르면, 두 용어가 동일한 술어에 의해 포괄될 때, 두 용어는 동일한 유형에 속한다(Russell and Whitehead, 1913/1962). 예를 들어, '플라톤'과 '칸트'가 '철학자이다'라는 동일 술어에 의해 포괄되면, 두 용어는 동일 유형이다. 반면, '플라톤'과 '산업혁명'은 '철학자이다'라는 술어에 의해 포괄될 수 없으므로 동일한 유형이 아니다. 그러나 동일 술어에 의한 포괄

조건이 너무 거칠기 때문에, 러셀의 유형 이론은 불확정성의 문제에 직면한다. 예컨대, 동일 술어(예: '하얗다')에 의해 '자동차'와 '토끼'가 포괄될 수 있다고 해서 둘을 동일한 유형으로 간주하기는 어렵고, 특정한 술어에 대해서만 동일한 유형이라고 말할 수 있을 뿐이다.

한편, 라일의 범주 이론에 따르면, 두 표현이나 술어가 동일한 용어(혹은 사물)를 포괄하는 경우 동일한 유형에 속한다(Ryle, 1938/1971). 이때 어떤 표현의 범주에 대해 착각하고 둘을 잘못 결합하면 범주 착오를 범하게 된다(Ryle, 1949). 예컨대, 한 대학을 방문한 사람이 도서관, 사무실, 강의실 등을 둘러보고는 이제 대학교를 보여 달라고 요청한다면, 그는 범주 착오를 범하는 것이다. 그러나 라일의 범주 이론도 러셀의 유형 이론과 유사한 문제에 부딪히게 된다. 예컨대, '흥미롭다'와 '하얗다'라는 술어가 모두 토끼를 포괄하더라도, 두 술어가 동일한 범주에 속한다고 보기는 어렵다.

소머스는 러셀과 라일의 이론을 종합한 범주 이론을 제시한다(Sommers, 1963; 1971). 그에 따르면, 두 용어 t1과 t2에 대해, 오직 t1을 포괄하는 모든 술어가 t2도 포괄하는 경우에만 t1과 t2는 동일한 유형에 속한다. 또한, 두 술어 p1과 p2에 대해, 오직 p1과 p2가 정확히 동일한 용어 집합을 포괄하는 경우에만 p1과 p2는 동일한 유형에 속한다. 그의 이론은 유형의 동일성을 정의할 뿐 아니라, 서로 다른 유형들 간의 관계를 설정하여 범주들이 위계적 구조를 가지도록 한다. 만일 t1이 t2를 포괄하는 술어 집합의 부분집합에 의해 포괄된다면, t2가 속하는 범주는 t1이 속하는

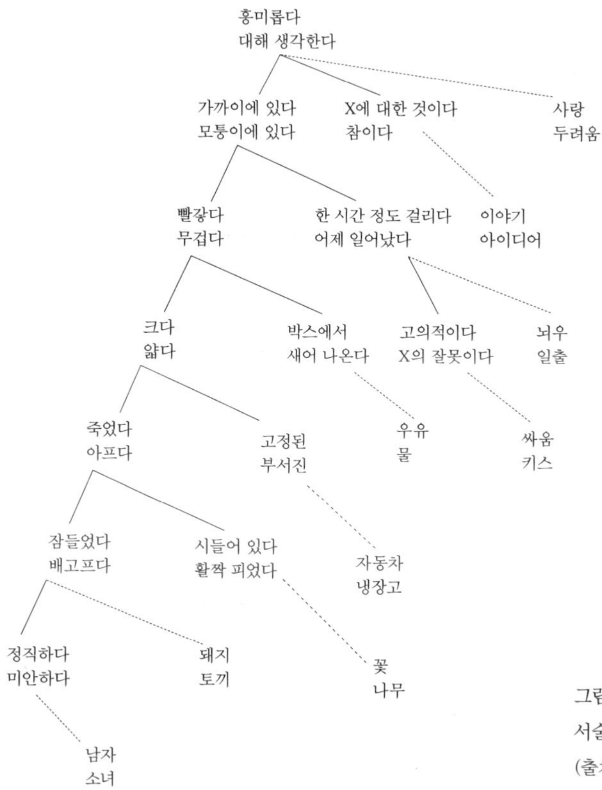

그림 2.
서술가능성 나무
(출처: Keil, 1979)

범주의 하위 범주가 된다. 소머스의 이론에서 눈여겨보아야 할 것은 용어들과 술어들이 항상 동일한 방식으로 조직화된다는 점이다. 이는 서로 다른 두 용어를 포괄하는 술어 집합들이 존재하지 않고, 서로 다른 두 용어 집합도 서로 다른 술어들에 의해 포괄되지 않는다는 것을 뜻한다. 이런 특징을 가진 서술가능성 지식은 위계적으로 조직된 서술가능성 나무로 요약된다(그림 2).

서술가능성 나무에서 각 마디는 특정한 부류의 술어나 용어를 나타내는데, 그림에서는 편의상 두 가지씩만 나타내도록 하자. 서술가능성 나무의 위계적 구조는 상위 수준의 마디들과 하위 수준의 마디들 사이의 포함 관계를 포함한다. 즉, 아래쪽 가지에 위치한 술어들이 포괄하는 용어 집합은 위쪽 가지에 위치한 술어들이 포괄하는 용어 집합의 부분집합이 된다. 예를 들어, '크다IS TALL'는 '배고프다IS HUNGRY'가 포괄하는 모든 용어를 포괄하지만, '크다IS TALL'가 포괄하는 모든 용어를 '배고프다IS HUNGRY'가 포괄하는 것은 아니다.

케일은 서술가능성 지식과 존재론적 지식 사이에 동형성이 있기 때문에, 서술가능성 나무를 존재론적 나무에 일대일로 사상map할 수 있다고 본다. 동일한 술어에 의해 포괄되는 용어 집합이 그에 대응하는 대상들의 존재론적 범주를 가리킨다고 가정하면, 서술가능성 나무의 각 마디는 존재론적 나무의 각 마디를 표상하며, 존재론적 나무는 존재론적 범주들의 위계 구조를 표상하게 된다. 예를 들어, '죽었다IS DEAD'와 '배고프다IS HUNGRY'를 가진 마디는 생명체의 범주를 나타내고, '고정된IS FIXED'과 '부서진IS BROKEN'을 가진 마디는 인공물의 범주를 나타낸다.

이제 원래 물음으로 돌아가 보자. 어떤 용어-술어 조합은 뜻이 통하는 반면, 어떤 용어-술어 조합은 변칙적인 것으로 판단되는 이유는 무엇인가? 변칙성 판단 여부는 용어와 술어가 표상하는 존재론적 범주가 서로 일치하는지 여부에 달려 있다. 한 용어(예: 일출)가 그것과는 다른 존재론적 범주(예: 자동차)의 특징을 기술하는 술어(예: 무겁다)에 의해 포괄되는 경우, 그러한 용어-술어

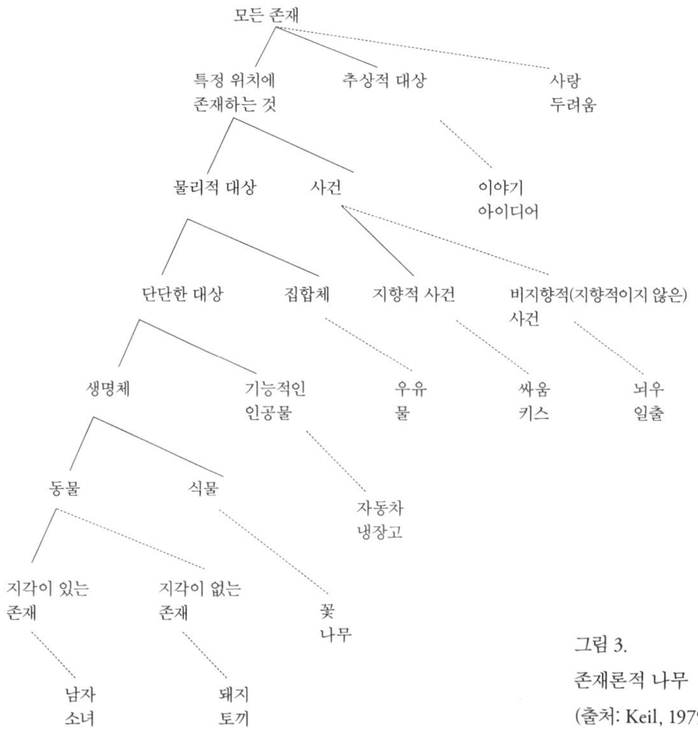

그림 3.
존재론적 나무
(출처: Keil, 1979)

조합은 뜻이 통하지 않는다(Keil, 1979). 용어 '일출'은 사건 범주에 속하고, 술어 '무겁다'는 물리적 대상의 범주를 포괄한다. 따라서 주어진 현상은 명사와 술어 사이의 존재론적-범주적 차이에 의해서 뜻이 통하지 않음이 설명된다.

언어 습득에 대한 발달심리학적 연구들은 존재론적 차이의 영향에 대해 추가적인 근거를 제공한다(Gentner, 1982; Keil, 1979). 연구에 따르면, 어린이의 존재론적 나무는 성인의 존재론적 나무와 다르며, 아동이 성장하면서 그들의 존재론적 나무도 더욱 세밀하게 발전한다. 아이들은 처음에는 생명체와 인공물만을 구별하지만, 7세가 되면 물리적 대상과 사건이나 과정의 차이를 인식할 수 있게 된다. 흥미로운 것은 그러한 존재론적 나무의 분화가 아이들의 언어 습득 과정과 상관이 있다는 점이다. 아이들은 처음에는 명사를, 그중에서도 대상을 가리키는 명사를 먼저 배운다. 그 다음에는 행동과 과정을 가리키는 동사를 배운다. 케일이 제시한 존재론적 나무가 과학적 개념이 표상되는 존재론적 범주들을 세밀하게 나타내기에는 충분하지 않을 수 있지만, 존재론적 지식이 인지 과정에 영향을 미친다는 명제에 대해서는 좋은 증거를 제시한다.

상이한 신경학적 회로들

대상과 사건의 존재론적 범주와 그 차이에 대한 믿음은 신경학적 기저에도 반영된 것으로 보인다. 첸(Chen, 2010)은 존재론적 지식의 신경학적 기저에 대한 연구들을 간결하게 검토하면서 손상 연구, 뇌영상 연구, 전기생리학 연구가 사건 개념과 대상 개념이 질적으로 다름을 보여 주는 좋은 증거를 제공한다고 주장했다. 뉴런 집합체에 대한 헵 이론Hebbian theory에 따르면, 두 신경세포 체계들이 동시에 반복적으로 활성화되면 둘은 서로 연합되는 경향이 있고, 결국 뉴런 집합체라는 기능 단위가 된다(Bickle et al., 2019; Hebb, 1949). 우리는 이 이론으로부터 상이한 언어 부류들, 예컨대 명사와 동사는 서로 다른 신경회로에서 처리된다고 예측할 수 있다. 최근 30여 년 동안 이에 대한 상당한 증거들이 축적되어 왔다. 이 절에서는 특히 명사와 동사의 신경학적 분리에 대한 경험적 증거들을 살펴봄으로써, 그런 실험 결과들이 대상 개념과 사건 개념이 두뇌 안에서 서로 다른 영역을 통해 표상되며, 따라서 존재론적 범주들과 그 차이가 신경학적 수준에서 구현된다는 주장을 뒷받침할 수 있는지 검토해 본다.

먼저 손상 연구를 살펴보자. 손상 연구는 행동이나 인지능력이 손상된 환자들을 대상으로 손상된 인지능력과 두뇌의 손상된 부위 사이의 관계를 연구하는 것이다. 손상 연구는 뇌 손상과 인지능력 사이의 연관성을 확립하여 신경과학의 발전에 심대한 기여를 해 왔다. 다마지오A. R. Damasio는 명사를 인출하는 능력과 동사를 인출하는 능력이 비대칭적으로 손상된 환자들을 보고한 바 있다(Damasio and Tranel, 1993). 보고에 따르면 좌측 전방 및 중간 측두엽이 손상된 두 환자(AN-1033, Bowell)는 명사 인출 과제를 잘 수행하지 못했지만 동사 인출 과제는 잘 수행해 냈다. 반면, 좌측 전운동 전두엽이 손상된 환자(KJ-1360)는 명사 인출 과제를 잘 해냈지만 동사를 인출하는 과제는 잘 수행하지 못했다. 이는 명사 인출 능력은 정상이면서 동사 인출 능력이 손상되거나, 반대로 동사 인출 능력은 정상이면서 명사 인출 능력이 손상될 수 있음을 보여 준다. 이와 같은 동사 처리와 명사 처리의 이중해리 double dissociation는 좌측 측두엽 피질에서는 명사를 처리하고, 좌측 전두엽 피질에서는 동사가 처리됨을 시사한다.

치매와 같은 퇴행성 질환에 대한 연구에서도 일관적인 결과가 보고되었다. 다니엘레A. Daniele와 그 동료들은 명사와 동사 처리가 차별적으로 손상된 경우를 보고했는데(Daniele et al., 1994), 좌측 측두엽 위축증을 가진 한 환자(G. P.)는 명사를 명명하고 이해하는 능력이 더 크게 손상된 반면, 좌측 전두엽이 퇴화된 두 환자(R. A. and G. G.)는 동사의 명명과 이해 능력이 명사 처리 능력에 비해 더 많이 손상되었다. 이는 명사와 동사의 이해 및 산출 능력이 별개의 신경 메커니즘과 관련되어 있음을 보여 주는 증거다. 게다가 명사-동사 이중해리는 PET과 fMRI를 사용하는 뇌영상 연구와 전기생리학적 연구에 의해서도 입증되어 왔다(Petersen et al., 1989; Pulvermüller, Lutzenberger and Preissl, 1999). 예를 들어, 프리드먼 풀퍼뮐러Friedemann Pulvermüller와 동료들은 단어 읽기에 대한 사건 관련 전위(ERP) 연구에서 명사는 동사보다 후두엽 피질(시각 영역)을 더 활성화시키고, 동사는 명사보다 전운동 피질과 운동 피질을 더 활성화시킨다는 것을 보여 주었다.

이러한 신경과학적 연구들은 명사와 동사가 상이한 신경 기저에서 처리된다는 증거를 제공하지만, 이것이 대상과 사건의 존재론적 구분에 대한 직접적인 증거는 아니다. 첸(Chen, 2010)은 대상-과정 구분을 명사-동사 해리와 동일시하거나, 혹은 양자가 직접 연결된 것이라고 암묵적으로 가정했다. 그의 가정은 다소 성급한데, 그것은 단순히 가정되어야 할 것이 아니라 입증되어야 할 문제이기 때문이다. 일상적인 상황에서 대상과 사건의 구분은 명사와 동사의 구분과 높은 상관성을 가진다. 대체로 명사는 대상과 물체들을 가리키고, 동사는 행동이나 사건을 가리킨다. 그러나 대상이 아니라 사건이나 행동을 지시하는 명사도 분명히 존재한다. 따라서 명사-동사의 구분은 대상-사건의 구분과 혼동되지 말아야 한다.

문제는 이중해리 현상의 존재에 대한 광범위한 합의에도 불구하고, 그 현상의 본성에 관해서는 연구자들이 치열한 논쟁을 벌이고 있다는 것이다. 연구자들은 이중해리가 통사적인지, 의미론적인지, 혹은 형태학적이거나 음운론적 요소가 개입하지는 않는지에 대해 논의하고 있다. 게다가 근래 쏟아져 나오는 명사-동사의 이중해리에 대한 실험과 그에 대한 해석들을 살펴보면, 연구자들 사이의 합의를 어렵게 하는 요인들이 적지 않음을 알 수 있다. 단지 실험 결과가 엇갈리는 것이 아니라, 실험에서 사용되는 자극의 종류와 자극을 제시하는 방식, 통제된 변수들, 실험 패러다임이 제각각인 경우가 많기 때문이다. 예컨대, 이중해리의 본성을 밝히기 위해서는 자극으로 사용되는 단어의 길이, 빈도, 친숙성, 그리고 상상가능성imageability의 변수를 통제할 필요가 있지만, 하나의 연구에서 모든 변수를 통제하는 경우는 드물다. 어떤 연구들은 일부 변수들만을, 다른 연구들은 또 다른 일부 변수들만을 통제한 채로 수행되었다. 상당수의 연구는 그림 명명 과제를 사용했지만, 어떤 연구들은 어휘 결정 과제나 의미 범주화 과제를 사용했고, 다른 연구들은 주의 깊은 청취 패러다임을 사용했다. 따라서 실험 결과와 그에 대한 해석은 각 요소들이 어떻게 사용되었는지에 달려 있다. 아래에서 우리는 몇 가지 연구들을 검토할 텐데, 이런 이유로 인해 이는 매우 선택적일 수밖에 없을 것이다. 물론 명사-동사 이중해리의 본성이 무엇인지 해명하는 것은 우리 논의의 범위를 훨씬 넘어선다. 우리가 해야 할 일은 이중해리에 대한 어떤 해석이 지금 그으려는 존재론적 구분선을 지지해 줄 수 있는지, 그리고 그 해석이 타당한지를 주의 깊게 검토하는 것이다. 이중해리의 이유가 단지 명사와 동사의 통사적 구분에 있지 않고, 대상과 움직임이라는 의미론적 구분에 있다는 증거가 있다면, 우리는 존재론적 구분이 신경학적 근거를 가진다고 말할 수 있을 것이다. 따라서 필자는 지금부터 이중해리에 대한 의미론적 해석이 얼마나 타당한지를 검토할 것이다.

풀퍼뮐러는 명사와 동사의 이중해리가 의미론적 차이에 기인한다고 주장한 대표적인 연구자다. 풀퍼뮐러와 그 동료들은 실험에서 실험 참여자들에게 세 종류의 단어(시각적 명사, 행동 명사, 행동 동사)를 주었고, 단어들의 길이와 빈도가 통제된 가운데 실험 참여자는 어휘 결정 과제를 수행했다(Pulvermüller, Mohr and Schleichert, 1999). 이 과제는 특정한 문자열을 제시하면, 그것이 실제 단어인지 아니면 (실험자가 꾸며낸) 가짜 단어인지를 결정하는 방식이었다. EEG를 통해 실험 참여자들의 두뇌 활동을 측정한 결과, 시각적 명사와 행동 명사 사이에서, 그리고 시각적 명사와 행동 동사 사이에서 유의미한 차이를 발견했다. 그러나 행동 명사와 행동 동사 사이에서는 유의미한 차이를 찾지 못했다. 이는 이중해리가 문법적인 차이가 아니라 의미론적 차이에 의해 발생했음을 시사한다. 즉, 시각화 가능한 대상에 대한 언어 처리와 행동이나 과정에 대한 언어 처리가 다를 수 있다는 것이다. 만일 이 결과가 재연될 수 있다면, 존재론적 구분에 대한 일정한 증거를 제공할 수 있을 것이다. 그러나 이 연구는 상상가능성이라는 변수를 통제하지 않았다는 한계를 갖는다. 발견된 차이는 의미론적 차이일 수 있지만, 상상하기 쉬운 단어들과 그렇지 않은 단어들의 차이일 수도 있다. 게다가 그러한 대안적 가능성을 제거할 수 있는 어떤 실험이나 조치도 취해지지 않았다. 따라서 풀퍼뮐러의 실험은 이중해리가 의미론적 성격을 가짐을 입증하는 증거로서 부족하다.

타일러L. K. Tyler와 그 동료들의 PET 연구는 단어들을 정교하게 통제하는 데 세심한 주의를 기울였다(Tyler et al., 2001). 첫 번째 실험에서는 실험 참여자들에게 네 종류의 단어들을 제시하고 어휘 결정 과제를 수행하도록 했다. 자극으로 제시된 단어들은 상상하기 쉬운 명사, 상상하기 쉬운 동사, 상상하기 어려운 명사, 상상하기 어려운 동사로 이루어졌다. 두 번째 실험에서 실험 참여자들은 의미론적 범주화 과제를 수행했다. 의미론적 범주화 과제란 제시된 세 가지의 단서 단어를 읽고 나서 마지막으로 제시된 목표 단어가 단서 단어들과 동일한 범주에 속하는지 아닌지를 결정하는 것이다. 이때 자극은 네 종류로 주어졌는데, 사용 빈도가 높은 명사, 사용 빈도가 높은 동사, 사용 빈도가 낮은 명사, 그리고 사용 빈도가 낮은 동사였고, 단어의 길이와 상상가능성 변수는 통제되었다. PET 실험 결과, 그들은 두 실험 모두에서 상이한 단어 종류들 간의 어떤 신빙성 있는 차이도 발견하지 못했다. 즉, 명사와 동사는 유사한 활성화 패턴을 보여 주었으며, 공통적으로 좌측 전두엽과 하부 측두엽을 활성화시켰다. 게다가 단어의 상상가능성과 사용 빈도가 의미론적 범주화에 미치는 영향도 찾지 못했다. 결국 그들의 연구는 이전의 연구 결과들이 재연되지 않은 경우를 보고한 셈인데, 이는 이중해리가 적어도 단어를 산출하는 과제에서는 설령 의미론적 성격이 있더라도 견실하고 보편적인 현상이 아닐 수 있음을 시사한다. 타일러는 다른 논문에서 이중해리가 명사와 동사 사이의 형태론적 차이에서 기인할 수도 있음을 제안한다(Tyler et al., 2004).

셔피로K. A. Shapiro와 그 동료들은 명사 처리와 동사 처리가 두뇌의 다른 부위에서 국소적으로 이루어지는 것은 상이한 통사적 범주에서 기인한다고 주장한다(Shapiro et al., 2006). 그들의 fMRI 연구에서 특이한 점은 그림 명명 과제, 어휘 결정 과제와 같이 의미론적으로 기울어진 과제가 아니라 통사적으로 기울어진 과제를 실험 참여자들에게 제시했다는 점이다. 실험 참여자들은 짧은 구나 문장에서 명사와 동사를 산출하는 과제를 수행하는데, 이때 단어의 형태학적 굴절까지 신경 써야 했다. 따라서 과제를 수행하는 동안 통사적 정보에 접근할 필요가 있었다. 첫 번째 실험에서 실험 참여자들은 실제 명사와 동사뿐 아니라 의미가 없는 사이비 단어들도 산출하도록 지시를 받았다. 두 번째 실험에서는 구체적인 명사와 구체적인 동사, 추상적인 명사와 추상적인 동사를 산출하도록 지시했다. 세 번째 실험에서는 규칙적 굴절 어미를 가진 단어들과 불규칙적 굴절 어미를 가진 단어들이 자극으로 사용되었다.

실험 결과에 따르면, 명사를 산출할 때 왼쪽 전측 방추회가 활성화되는 반면, 동사의 경우에는 좌측 전두 피질과 좌측 상두정소엽 영역이 활성화되는 것으로 나타났다. 셔피로 등은 그들의 실험 결과가 명사와 동사를 처리할 때 상이한 두뇌 영역이 관여할 뿐 아니라 명사와 동사가 "별개의 문법적 범주로서"(Shapiro et al., 2006: 1644) 처리됨을 시사하는 것으로 해석한다. 왜냐하면 이 연구 결과는 단어의 의미, 구체성과 추상성, 굴절의 규칙성과 상관없이 명사와 동사가 상이한 두뇌 영역에서 처리된다는 것에 대한 증거가 되기 때문이다. 만일 이 연구가 명사-동사의 이중해리가 순수하게 문법적임을 보여 준 것이라면, 대상과 사건 사이의 존재론적 차이는 신경학적 근거를 가지지 않는 셈이다. 첸은 이러한 가능성을 배제하지 않고 신경학적 증거를 액면 그대로 수용했다는 점에서 성급했다. 그러나 셔피로 등의 연구가 명사-동사 분리가 문법적 특징으로 환원될 수 있음을 보여 주었다고는 볼 수 없다. 이 연구에서 사용된 과제는 실험 참여자들이 다양한 굴절 형태들에 대해 생각함으로써 문법적 차이를 탐지하도록 의도된 것임을 상기할 필요가 있다. 셔피로의 연구는 이중해리가 전적으로 의미론의 차원에서 설명될 수 있다는 '의미론적 환원주의'에 대한 반례를 제공하는 데 초점을 맞추고 있다. 의미론적 환원주의에 대한 반례가 제출되었다고 해서 '통사론적 환원주의'가 따라 나오는 것은 아니다. 즉, 명사-동사의 분리가 부분적으로는 문법적 부류의 차이에서 기인한다는 점이 인정되더라도, 의미론적 차이에도 일부 책임이 있을 가능성이 없는 것은 아니다.

비글리오코G. Vigliocco와 그 동료들은 PET 연구를 통해 단어의 의미와 내용이 이중해리에 기여한다는 결과를 얻었다(Vigliocco et al., 2006). 그들은 앞선 연구에서와 다른 실험 패러다임을 사용했는데, 실험 참여자들에게 어떤 반응을 요구하는 대신 주어진 단어를 주의 깊게 듣도록 했다. 실험 참여자에게는 운동 명사, 운동 동사, 감각 명사, 감각 동사라는 네 종류의 자극이 주어졌다. 특이한 점은 모든 단어가 어떤 고정된 대상이 아니라 사건이나 과정과 관련된 단어라는 점인데, 그러한 방식으로 자극 변수를 조작함으로써 의미론적 구분과 문법적 구분의 혼동을 피하고자 했다. 자극은 친숙성, 습득 연령, 상상가능성에 대해 통제되었다. 실험 결과, 그들은 명사와 동사 사이에 어떤 유의한 차이도 발견하지 못했지만, 운동 단어들과 감각 단어들 사이에서는 유의한 차이를 발견했다. 운동 단어들이 감각 단어들보다 좌측 일차운동피질을 더 활성화시킨 반면, 감각 단어들은 전방 좌측 하전두회과 전방 하측두회를 더 활성화시킨 것이다.

이 실험의 과제가 앞선 연구들의 과제와는 다르다는 점에 주목할 필요가 있다. '주의 깊게 듣기' 과제는 명시적으로 어떤 결과를 내도록 요구하지 않기 때문에 과제 수행에 요구되는 과업량을 최소화한다. 따라서 비글리오코의 실험에서는 단어의 산출이 아니라 단어의 이해comprehension에 관여하는 두뇌 활동을 조사한 셈이다. 대체로 동사 산출이 명사 산출보다 더 많은 과업을 요구하기 때문에 이러한 과제 선택은 매우 중요한 의미를 가진다. 흔히 대상을 명명하는 것이 행동을 명명하는 것보다 더 빠르고 정확하다. 또한 동사와 관련된 뇌 손상을 보고한 경우가 명사와 관련된 뇌 손상 보고보다 훨씬 더 많다. 이러한 비대칭성은 동사 처리가 뇌에 더 많은 과업을 요구한다는 사실에 의해 설명될 수 있다(Mätzig et al., 2009). 예컨대, 동사는 굴절하거나 격변화를 겪기도 하고 앞에 나온 명사의 형태에 영향을 받기도 한다. 비글리오코의 실험에서 다른 변수들을 통제한 이후에도 운동 명사와 감각 명사, 그리고 운동 동사와 감각 동사 사이에 유의미한 차이를 발견했다는 점은 흥미롭다. 따라서 명사와 동사를 '산출'하는 데 관여하는 두뇌 활동에는 훨씬 더 많은 요인이 개입되어 있겠지만, (사건과 관련된) 명사와 동사를 단순히 '이해'하는 데 관여하는 두뇌 활동의 차이는 문법적 종류가 아니라 의미론적 차이에 따라서 발생하는 것이라고 결론을 내릴 수 있다.

신경학적 증거들을 요약해 보자. 명사-동사 해리 현상은 상당히 안정적이어 보이지만, 뇌영상 연구 및 전기생리학적 연구는 이중해리 현상의 본성에 대해 하나의 해석을 제시하지 못했다. 발견된 차이들이 문법적 종류가 달라서 생긴 것인지 아니면 단어의 의미가 달라서 생긴 것인지는 큰 논쟁거리다. 이 점에서 동사와 명사의 이중해리가 존재론적 구분에 대한 직접적인 증거를 제공하는 것으로 결론 내린 첸은 성급했다. 그럼에도 우리는 단어 산출 능력과 언어 이해 능력을 구분함으로써 약간의 긍정적 증거를 발견했다. 언어 산출 과제를 수행하기 위해서는 의미론적·통사적·형태론적 요소 등 총체적인 언어 능력이 필요해 보이는 반면, 적어도 언어를 암묵적으로 이해하는 데 의미론적 차이는 중요한 역할을 하고, 의미론적으로 다른 언어 부류들은 상이한 두뇌 영역에서 처리된다.

개체발생적 개념 변화: 과학교육의 경우

일상적 개념에 대한 언어학적·인지과학적·신경학적 연구 결과들은 존재론적 범주의 중요성을 잘 보여 준다. 이에 더해, 과학적 개념의 존재론적 범주를 중요하게 고려해야 할 이유들이 또 존재한다. 첫째, 그러한 고려는 과학적 개념을 다루는 철학 문헌에서 발견되는 편향을 바로잡는 데 기여할 수 있다. 쿤은 자신의 후기 철학에서 과학 언어 가운데 종-용어에 초점을 맞추었고, 많은 과학철학자가 대개 대상들, 특히 자연종 개념에 논의를 집중해 왔다. 과학적 개념의 본성을 다루는 철학자들은 대상을 나타내는 개념과 다른 범주를 나타내는 개념들의 차이를 의식하지 않았거나, 의식했더라도 자연종 개념만 이해하면 다른 과학적 개념도 그와 같은 방식으로 이해될 것이라고 가정했다. 개념이 다양한 존재론적 범주를 표상할 수 있다는 단순한 사실을 환기함으로써, 과학 활동에 대한 보다 정밀한 서술을 가능하게 만들어 줄 수 있다. 둘째, 가장 중요한 이유는 존재론적 범주에 대한 고려가 개념적 변화에 대한 더 나은 이해를 촉진한다는 것이다. 여기서 개념 변화는 개체발생적 개념 변화와 계통발생적 개념 변화로 구분해 볼 수 있다. 전자는 한 개인이 유아기로부터 성인으로 발달하는 과정에서 개념 변화를 경험하는 경우이고, 후자는 과학사에서 한 과학이론의 개념틀이 다른 개념틀에 의해 대체되는 경우를 가리킨다. 이 절에서는 먼저 과학교육에서의 개념 변화를 살펴봄으로써 존재론적 범주의 차이와 변화가 개념 변화를 이해하는 데 중요함을 보이고, 다음 절에서는 과학사에서의 개념 변화 사례를 살펴본다.

학생들이 과학적 개념을 배우기 어려워한다는 사실은 별로 놀랍지 않다. 존스홉킨스대학의 학부생들을 대상으로 물체의 운동에 관한 생각을 물어본 실험에서 실험 참여자의 1/3 정도는 틀린 대답을 제출했는데, 그들은 중세 자연철학에서 유행한 임페투스 이론과 상당히 유사한 오개념을 가지고 있었다(McCloskey et al., 1980). 놀랍게도 대학에서 하나 이상의 물리학 수업을 수강한 학생들 중에서도 14%가 오답을 내놓았다. 이는 과학적 개념을 배우는 일이 쉽지 않음을 보여 주는 흥미로운 사례다.

과학적 개념을 배우는 것은 왜 어려울까? 과학 교사들이나 교육학자들에게 잘 알려져 있는 것처럼, 학생들은 수업을 듣기 전에 이미 어떤 과학적 주제들에 대해 나름의 관점을 가지고 있다. 즉, 학생들은 백지상태가 아니다. 그들은 세계에 대한 자기 나름의 이해를 가지고 과학 수업에 참석하며, 교사는 학생들의 선개념preconceptions을 과학적인 개념으로 바꾸려 한다. 학생들의 선개념은 과학적 관점에서 보면 부정확한 경우가 많고, 그래서 종종 소박 이론naive theories이나 오개념misconceptions으로 불린다. 이 선개념들은 상당히 확고해서 때로는 교사들이 제시해 주는 강력한 증거에도 불구하고 수정에 저항하기도 한다. 오개념의 존재는 과학적 개념의 학습이 어려운 이유를 부분적으로 설명해 준다.[3]

그렇지만 오개념의 존재에 대한 호소는 부분적인 설명에 그칠 수밖에 없다. 몇몇 과학적 개념은 오개념을 비교적 쉽게 대체하고 학생들에게 잘 수용되는 반면, 어떤 과학적 개념들은 다른 것들보다 더 배우기가 어렵기 때문이다. 따라서 오개념이 새로운 과학적 개념을 배우는 데 방해되는 메커니즘을 탐구해 볼 필요가 있다. 과학적 개념의 존재론적 지위는 이 문제에 관해서도 통찰을 제공해 준다. 치T. H Chi와 그 동료들의 제안에 따르면, 학생들이 과학적 개념을 학습하면서 겪는 어려움은 선개념이 속한 존재론적 범주와 그에 대응하는 과학적 개념의 '진짜' 존재론적 범주 사이의 충돌에 의해 설명될 수 있다(Chi, 1992; Chi et al., 1994).

존재론적 범주의 충돌을 통한 설명은 다음과 같다.

P1. 학생들은 교실에 들어오기 전에 과학적 주제에 대한 선개념을 가지고 있다.

P2. 때때로 선개념을 구성하는 일상적 개념들과 새로 배워야 할 과학적 개념들이 존재론적으로 불일치한다.

P3. 한 개념을 하나의 존재론적 범주에서 다른 존재론적 범주로 직접 변환하는 인지 과정은 없다. 그리고 존재론적

---

3 물론, 오개념의 본성은 과학교육 분야에서도 논쟁거리다. 특히, 오개념은 이론과 같은 정합적인 지식의 형태를 가지는지 아니면 분절화(knowledge in pieces)되어 있는지를 둘러싸고 논쟁이 계속되고 있다(diSessa, 1988; 1993; McCloskey et al., 1980). 그럼에도 불구하고 어떤 과학적 개념들이 배우기 어렵다는 사실과, 그 사실이 학생들의 오개념에 의해 부분적으로 설명될 수 있다는 것은 부정하기 어렵다.

으로 불일치하는 개념을 학습하기 위해서는 존재론적 전환을 동반한 개념적 변화가 요구된다.

P4. 학생들은 새로운 개념을 배울 때 친숙한 학습 메커니즘을 사용하려는 경향이 있고, 존재론적 전환이 필요한 시점이나 전환해야 할 대안적 범주를 모를 수 있다.

C. 따라서 일상적 개념과 존재론적 범주가 다른 과학적 개념은 학습하기가 더욱 어렵다.

첫 번째 명제 P1은 학생들이 교실에 들어오기 전 세계에 대해 나름의 이해를 가진다는 것으로, 과학 교사, 과학교육 연구자, 인지과학자 사이에서 널리 알려진 사실이다. 아동들의 선개념은 여러 영역에 걸쳐 있는데, 생물 영역, 물리 영역, 심리 영역에 관해 아이들이 가지고 있는 소박한 믿음들은 흔히 통속생물학, 통속물리학, 통속심리학 등으로 불린다. 많은 인지과학자가 이런 믿음들의 본성에 관한 탐구에 초점을 맞추어 연구하고 있다.

두 번째 명제 P2는 소박한 이론들에 포함된 일상적 개념들이 때로는 그에 대응하는 과학적 개념과 존재론적으로 불일치한다고 진술한다. 이 명제는 모든 과학적 개념이 선행하는 일상적 개념과 존재론적으로 불일치한다고 주장하지는 않는다. 다만, 학습을 어렵게 만드는 존재론적 불일치가 발생하는 경우가 있음을 말할 뿐이다. 열heat 개념을 예시로 들어 존재론적 불일치를 살펴보자. 열역학의 관점에 따르면, 열은 온도가 높은 계에서 낮은 계로 향하는 에너지 전이, 혹은 계들 사이의 온도차로 인해 한 계에서 다른 계로 향하는 자발적인 에너지 흐름이다(Schroeder, 1999). 간단히 말해, 열은 에너지 전이의 한 과정이다. 반면, 학생들이나 물리학 초심자들은 열을 어떤 물질적 실체가 있는 존재로 다룬다(Reiner et al., 2000; Wiser and Amin, 2001). 라이너 등의 연구에 따르면, 학생들은 물체 도식substance schema으로 물리 문제들을 해결하려 하는데, 이때 물체란 밀거나 당길 수 있고, 마찰을 가지며, 어떤 것에 담길 수 있고, 써 버릴 수 있고, 정확한 위치를 가지고, 움직일 수 있고, 갑자기 사라지거나 나타나지 않고, 표면적과 부피를 갖는 입자적 성질을 지니며, 질량이나 무게 등 더할 수 있는 특징을 갖고, 관성력을 지니고, 중력에 민감한 존재다(Reiner et al., 2000). 학생들은 열 개념도 그러한 물체 도식을 통해 이해하는데, 이것이 열heat과 냉cold에 대한 오개념을 낳게 한다. 9세 이전의 아이들은 열과 냉을 물체에 내재된 속성으로 간주하고, 12세 이상이 되면 열을 칼로릭caloric과 같이 어떤 독립적인 물질적 실체가 있는 존재로 간주한다. 그리고 냉은 열의 부재가 아닌 별개의 물질적 존재자로 여긴다. 그것은 정확한 위치를 가지고, 공간을 통해 이동하며, 다른 물체에 도달하는 것으로 묘사되고, 어떤 곳에 축적되며 담기는 것으로 이해된다. 요약하자면, 학생들은 열에 대해 물질적 관점materialistic conception을 가지며, 이것이 그들이 가진 힘, 전기, 빛 등에 대한 오개념의 원인이 된다. 열 개념은 학생들이 가지고 있던 일상적 개념과 새로이 배우는 과학적 개념이 존재론적으로 불일치하는 인상적인 사례다.

세 번째 명제는 한 개념이 존재론적 지위가 다른 어떤 개념으로 변화하는, 특별한 종류의 개념적 변화에 관련된 주장이다. 그런 개념적 변화는 개념을 구성하는 몇 가지 특성의 추가, 삭제, 일반화, 유비 추론 등 친숙한 인지적 메커니즘만으로는 일어나지 않는다. 그런 변화를 위해서는 존재론적 전환이 필요하다. 즉, 새로운 과학적 개념을 포괄할 수 있는 개념 체계의 재조직화가 일어나야 하며, 결국에는 새로운 존재론적 나무를 그릴 수 있어야 한다(Chi, 1992). 그러나 이 주장에서는 존재론적 전환이 필요한 경우에 개념 학습이 어려운 이유를 설명하지 못한다.

네 번째 명제는 학습자의 학습 전략과 존재론적 지식을 밝힘으로써 왜 학생들이 존재론적 전환을 동반한 개념적 변화를 어렵게 느끼는지 설명해 준다(Chi and Hausmann, 2003; Chi and Roscoe, 2002). 학생들은 평소에 존재론적 전환의 필요성을 느끼지 않으며, 따라서 언제 존재론적 전환이 필요한지 알기 어렵고, 설령 전환을 해야 한다는 것을 어렴풋이 알았더라도 전환해야 할 범주를 모를 수 있다. 아이들의 존재론적 지식은 단순한 나무에서 더욱 복잡한 나무로 점차 성장하기 때문에, 어린 학생들은 사건이나 과정 등의 존재론적 범주에 대해 알지 못하거나 제한적으로 알 수도 있다. 이것이 학습의 어려움을 야기한다. 청소년기에 이르면 성인과 유사한 존재론적 지식을 가질 수 있지만, 문제 상황에 직면했을 때 존재론적 범주를 가로질러 범주 체계를 재조직화해야 할지, 해야 한다면 언제 해야 하는지에 대해 분명하게 알지 못할 수 있다.

이런 상황에는 나름의 이유가 있다. 첫째, 우리는 흔히 폭넓은 존재론적 관점에서 현상을 분류할 필요성을 느끼지 않는다. 성인에게도 존재론적 전환은 자주 일어나지 않는다. 둘째, 일상생활에서는 친숙한 학습 과정과 물질적 관점이 대체로 잘 작동한다. 이는 그에 대응하는 과학적 개념이 존재하는 경우에도 마찬가지이다. 예를 들어, 우리는 "열기"가 "빠져나가도록" 창문을 열고, "냉기"가 "빠져나가지" 못하도록 냉장고 문을 닫는다. 즉, 물질적 관점이 일상적으로 마주치는 다양한 현상들에 대해 괜찮은 설명틀을 제공하는 셈이다. 이는 우리가 그러한 학습 메커니즘과 선개념을 가지고 있는 이유다. 셋째, 존재론적 전환 자체가 쉽지 않다. 한 개념이 표상하려는 존재론적 범주가 변화할 때면, 그 개념은 대안적 범주의 속성 대부분을 승계property inheritance해야 하기 때문에, 존재론적 전환은 상당한 인지적 자원들을 요구하는 어려운 작업이다.

일상적 개념과 과학적 개념 사이의 존재론적 불일치에 호소하는 설명이, 과학적 개념 학습에 대한 유일하거나 완전한 설명이라고 주장하는 것이 아니라는 점에 유의해야 한다. 우리의 초점은 존재론적 차이의 존재가 과학적 개념의 학습을 어렵게 만드는 데 중요한 요소임을 확인하는 것이다. 이러한 존재론적 설명 방식은 예측의 입증을 통해 경험적 지지를 획득한다. 존재론적 설명은 존재론적으로 불일치하는 개념과 일치하는 개념을 배우는 데 어떤 차이가 발생할 것으로 예측한다. 배워야 할 개념이 선개념과 존재론적으로 불일치하면, 선개념은 강건하고 지속적으로 학습에 저항한다. 선개념은 나이에 무관하게 분포하고, 다양한 학생들 사이에서도 폭넓게 존재하는 것으로 예측된다. 반면, 두 개념이 양립 가능하면, 반대의 패턴이 예측된다. 즉, 선개념은 강건하고 지속적으로 학습에 저항하지 않고 쉽게 동화된다. 이는 나이나 대상에 따라서 균질적이지 않게 분포한다. 이런 상반된 패턴은 경험적 연구에 의해 입증된다(Chi et al., 1994).

또 다른 예측은 학생들이 적절한 존재론적 범주를 가지면, 새로운 과학적 개념을 이해하기가 수월할 것이라는 것이다. 이러한 예측도 교육적 개입을 통해 입증되었다(Slotta and Chi, 2006). 슬로타J. D. Slotta가 수행한 한 실험에는 전기 현상에 대해 대학 수준의 교육을 받은 적이 없는 대학생 24명이 참여했다. 그중 절반은 실험군, 나머지는 대조군에 배정되었는데, 두 집단은 SAT 점수나 평균 학점에서 유의한 차이를 보이지 않았다. 실험 방법은 사전시험에서 수행한 과제를 (그와 동일한 과제로) 사후시험에서 수행했을 때, 두 집단 사이의 차이를 보는 것이다. 사전시험과 사후시험의 내용은 전기회로에 대한 여러 문제를 풀고, 이를 설명하는 것이었다. 실험군에게는 적절한 존재론을 학습하도록 했는데, 먼저 '과정'이라는 존재론적 범주의 일반적 특징을 배운 후, 컴퓨터 시뮬레이션을 통해 기체의 팽창 및 유체의 확산과 관련된 상황에서 무슨 일이 벌어지는지에 대한 감각을 지니도록 했다. 대조군에게는 똑같은 컴퓨터 시뮬레이션을 통해 동일한 주제를 학습하도록 했지만, 존재론적 지식이 아니라 고체, 액체, 기체의 일반적 성질에 초점을 맞추어 훈련시켰다. 이렇게 서로 다른 훈련 과정을 거치게 한 후, 사후시험에서 전기회로에 대한 동일한 문제를 풀게

했다. 실험 결과, 사후시험의 결과가 대조군은 사전시험에 비해 나아지지 않았으나, 실험군은 통계적으로 유의하게 나아졌다. 특히, 훈련 시간 동안 컴퓨터 시뮬레이션에서 높은 점수를 받은 사람일수록 사후시험에서 더 많이 향상되었다. 이는 존재론적 범주에 대한 교육이 과학적 개념 학습에 유의미한 차이를 가져올 수 있음을 보여 준다.

요약하자면, 학습자는 친숙하지 않은 새로운 사물을 대하고 그에 대한 개념을 배울 때, 그 개념에 적절해 보이는 존재론적 범주를 부여한다. 그리고 개념은 그 범주의 존재론적 속성들을 물려받는다. 따라서 존재론적 범위의 부여는 어떤 특성들이 개념에 저장되는지를 규제하는 데 중요한 역할을 한다.

존재론적 전환으로서의 과학혁명

쿤은 자신의 후기 철학에서 과학혁명을 일종의 "분류학적 전환"으로 묘사했다. 정상과학과 과학혁명은 각각 한 분야에서 사용되는 개념들의 연결망을 재조직화하거나 재조직화하지 않는 과학적 변화로 재해석될 수 있다. 혁명에 대한 이러한 재규정의 씨앗이 쿤의 초기 저술에서 전혀 없었던 것은 아니다. 쿤에게 개념적 구조의 주된 역할은 사물들을 유사성 집합들로 묶어 분류하는 것이고, 유사성에 기반을 둔 개념 이론은 쿤의 철학 사상을 통해 성숙해 왔기 때문이다(천현득, 2013; Andersen, 2001; SSR). 분류학적 전환은 과학사의 혁명적 일화를 이해하는 매우 중요한 방식 가운데 하나임에 틀림없다. 그러나 쿤의 분류학적 전환은 분류 용어taxonomic terms들로 이루어진 어휘집lexicon상에서의 번역불가능한 변화를 뜻하며, 이는 자연스레 대상 범주에 속하는 종-용어들 사이의 변화에 국한된다. 예컨대 코페르니쿠스 혁명의 핵심 특징은 혁명 전후로 천문학적 대상들에 대한 분류 범주들이 재배치되었다는 것이다. 그러나 하나의 존재론적 범주(예: 대상)를 나타내는 개념이 다른 주요 존재론적 범주(예: 사건)를 나타내는 개념으로 변화한다면, 그러한 개념적 변형은 존재론적 전환을 동반한 급진적인 개념적 변화로 이해할 수 있다. 따라서 주요 존재론적 범주를 가로지르는 주요 존재론적 전환은 개념적 변화의 한 가지 중요한 방식을 제시한다.

열의 본성에 대한 관점의 변화는 주요 존재론적 전환을 보여 주는 한 가지 사례다. 18세기의 열에 대한 과학적 논의에서는 칼로릭 이론이 지배적이었다. 물론 그 이전에도 열에 대한 논의가 없었던 것은 아니다. 아리스토텔레스주의 관점에서 열 현상은 4원소 중 하나인 불에 의한 현상으로 이해되었고, 가열된다는 것은 불 위에 놓인다는 것과 같았다. 고대의 원자론적 입장에서도 열에 대한 관점은 크게 다르지 않아, 열이나 불은 무게를 가진 하나의 실체로 간주되었다(Votsis and Schurz, 2012). 세부적인 사항에 차이가 있을지라도, 과거 이론들은 공통적으로 열을 일종의 물질 원소 혹은 입자로 간주했다. 즉, 칼로릭 이론은 '열의 물질성'이라는 관념을 계승한 이론이었다. 열의 물질성은 새로운 생각이 아니었지만, 전기나 자기, 빛과 같은 것을 다루는 과학 분야가 성장하면서 칼로릭 이론이 발전할 수 있는 배경을 제공했다. 18세기 당시 과학자들은 전기나 자기를 무게 없는 입자들로 이루어진 유체로 간주했는데, 이와 유사하게 칼로릭 이론가들은 열의 물질인 칼로릭을 무게 없는 유체imponderable fluid로 간주했다. 칼로릭 이론에 따르면, 칼로릭은 무게가 없어서 직접 관찰할 수 없지만 온도를 통해 간접적으로 조사할 수 있다. 왜냐하면 물체에 칼로릭을 더하면 그 물체의 온도가 올라가고, 칼로릭을 줄이면 온도가 내려가기 때문이다. 대표적인 칼로릭 이론가는 화학혁명의 주인공인 라부아지에Antoine Laurent Lavoisier다. 그는 흔히 연소에 대한 플로지스톤 이론을 전복하고 산소 이론을 확립한 것으로 알려져 있다. 그러나 라부아지에의 이론에서 플로지스톤이 하던 역할을 대신하는 것은 산소가 아니라 바로 칼로릭이었다. 그의 새로운 화학체계에서 칼로릭은 다른 원소들과 함께 하나의 원소로 간주되었을 뿐 아니라, 연소를 포함한 모든 열 현상에 관여하는 원소였다(Chang, 2004; 2009).

열의 칼로릭 이론은 19세기에 열의 운동 이론으로 대체된다. 열의 운동 이론은 칼로릭과 같은 특수한 실체를 가정하지 않고, 열을 일종의 에너지, 즉 보통 입자들의 운동 상태에 의해 나타나는 운동 에너지로 간주한다. 열 현상, 특히 열의 흐름은 칼로릭의 많고 적음이 아니라 한 물체에서 다른 물체로의 에너지 전이로 설명된다. 역사적으로 보면 칼로릭 이론에서 열의 운동 이론으로의 변화는 쉽지 않았고, 상당한 시간이 소요되었다. 벤저민 톰프슨Benjamin Thompson은 포신을 마찰시켜 무한한 양의 열을 발생시킬 수 있음을 보임으로써 칼로릭 이론이 갖는 문제점을 지적했지만, 칼로릭 이론은 그 후에도 상당한 기간 동안 가장 주요한 열 이론으로 자리매김하고 있었다. 대안 이론으로서 열의 운동 이론이 정교한 형태로 발전하지 못한 탓도 있었지만, 열을 둘러싼 존재론적 전환의 필요성이 새로운 개념화를 쉽지 않게 만든 때문이기도 했다.

19세기 초 빛의 입자설이 파동설에 의해 대체된 광학 혁명은 주요 존재론적 전환을 보여 주는 또 다른 인상적인 사례다. 입자설과 파동설은 빛에 상이한 존재론적 지위를 부여하기 때문에, 입자설에서 파동설로의 변화는 단순한 믿음의 갱신이 아니라 개념 변화를 동반한 것으로 볼 수 있다. 특히 편광polarization 현상을 이해하는 방식에서 두 이론의 존재론적 차이는 두드러진다. 입자설에서 편광 현상은 빛 입자라는 대상의 속성으로 이해되었다. 빛 입자는 면side, 즉 공간적으로 비대칭적인 모양새를 가진 입지로 추측되는데, 광선에 있는 모든 입자가 질서 있게 배열된 뒤 한 방향을 향하는 경우에 편광이 나타난다고 여겼다. 반면, 파동설에서 편광 현상은 광선의 두 직각 요소들 사이의 위상차와 진폭의 비율이 안정적으로 유지되기 위한 하나의 과정으로 이해된다. 입자의 면이라는 개념에서 위상차와 진폭의 비율을 포함한 과정이라는 개념으로의 변화는 광학혁명에서 뚜렷이 나타나는 존재론적 전환의 사례이며, 이는 입자론자인 W. 허셜이 왜 파동론을 이해하는 데 어려움을 겪었는지를 설명해 준다(Chen, 2003). 존재론적 전환이 발생한다고 해서 두 이론 사이 의사소통의 가능성이나 합리적 비교의 가능성이 차단되지는 않을 것이다. 그렇지만 친숙한 개념이 전혀 다른 존재론적 지위를 갖게 됨으로써 생겨날 수 있는 의사소통의 장애는 과학혁명기를 면밀히 들여다볼 수 있는 하나의 창이 된다.

지금까지 개념에는 그것이 표상하는 존재론적 범주에 관한 정보가 부호화되어 있으며, 과학이론 변화 시 존재론적 범주의 변경에 주목함으로써 개념 변화를 더욱 잘 이해할 수 있다는 것을 보았다. 대상과 사건의 주요 존재론적 구분은 우리의 일상적 언어 사용에 내재되어 있을 뿐 아니라 약간의 신경학적 토대도 갖는다. 그리고 존재론적 차이는 과학교육과 과학사에서 일어나는 여러 개념적 변화를 설명하는 데 유용하다. 이를 바탕으로 필자는 과학혁명이 분류학적 전환을 더욱 일반화된 존재론적 전환으로서 잘 이해될 수 있다고 주장한다.

쿤은 「과학혁명이란 무엇인가」라는 글에서 혁명적 변화를 전체론적 변화, 의미 변화, 그리고 궁극적으로는 유사성 양식의 변화라고 특징짓는다. 그래서 과학혁명은 "과학적 기술과 일반화의 전제 조건인 분류 범주들의 변화"를 뜻하며, 이러한 변화는 "범주화와 관련된 기준의 조정일 뿐 아니라 주어진 대상과 상황들이 기존의 범주들로 분류되는 방식의 조정"이기도 하기 때문에 전체론적 성격을 지닌다(Kuhn, 1987/2000: 30). 따라서 쿤의 후기 사상에서 과학혁명은 패러다임 변동이 아니라 분류학적 전환으로 특징지어진다(Kuhn, 1991/2000; 1993). 그러나 이러한 발전에도 불구하고 첸(Chen, 2010)은 쿤이 대상 개념과 과정 개념 사이의 전환에 주목하지 못한 것이 뼈아픈 실패라고 지적한다.

쳰이 보기에 쿤의 혁명 개념에는 여전히 두 가지 문제점이 있다. 첫째, 쿤이 후기에 와서 형태 전환의 비유를 포기했다고 하지만, 분류학적 전환은 전체론적인 성격을 띤다는 점이다. 분류 용어들은 서로 연결되어 있기 때문에, 한 용어의 변화는 다른 용어의 변화를, 심지어는 연결망 전체의 변화를 초래할 수도 있다. 그렇다면 한 분류 체계에서 다른 분류 체계로의 전이는 전체론적으로 일어날 수밖에 없을 것이다. 그런데 다양한 과학적 변동 사례를 살펴보면, 대부분의 '혁명'은 긴 시간 동안 일어난, 점진적이고 단계적인 변화의 누적이었음을 알 수 있다. 예컨대, 코페르니쿠스 혁명은 150년 이상 걸렸다. 둘째, 공약불가능성은 서로 다른 분류 체계를 받아들이고 있는 두 전통의 옹호자들이 사용하는 용어집이 번역 불가능하고, 때문에 상호 이해가 어렵다는 것을 함축하는데, 대상 개념과 과정 개념의 관계는 쌍방향적이기보다는 일방향적이라는 점이다. 인간은 유아기 때부터 대상에 관한 핵심 지식을 습득하고, 이런 지식은 보편적으로 공유되는 경향이 있다. 학생들이 물체 도식을 이용해 현상을 이해하려는 것은 그러한 대상 개념이 얼마나 뿌리 깊은지 단적으로 보여 준다. 우리는 다른 존재론적 범주를 배울 수 있다. 그렇다고 원래 가지고 있던 대상 범주에 속하는 개념들을 포기하는 것은 아니다. 따라서 공약불가능성엔 어떤 방향성도 없다는 쿤의 주장에는 문제가 있다고 쳰은 지적한다.

그러나 쿤에 대한 이러한 비판은 다소 공정치 못하다. 쳰은 쿤이 처한 두 가지 문제를 해결하기 위해서는 대상에서 사건으로의 존재론적 변화를 분류학적 전환이 아닌 또 하나의 혁명적 변화 양식을 채택해 설명해야 한다고 주장한다. 그러나 이 주장에는 동의하기 어렵다.

첫째, 분류학적 전환은 전체론적 변화의 양상을 띠지만, 대상과 사건 사이의 주요 존재론적 전환은 점진적이고 부분적인 변화라는 주장은 설득력이 없다. 첸은 분류학적 전환과 대상과 사건이라는 주요 존재론적 범주들 사이의 전환이 양립 불가능하다고 전제하는 듯하다. 그러나 실제로 둘은 양립할 수 있다. 쿤의 분류학적 전환은 대상 범주의 하위 범주들 사이에서 일어나는 존재론적 전환으로 간주될 수 있기 때문이다. 주요 존재론적 전환이 대상과 사건 사이의 간격을 건널 것을 요구하듯이, 분류학적 전환은 존재론적 나무의 일부를 재배열할 것을 요구한다. 따라서 쿤식의 분류학적 전환과 주요 존재론적 전환은 '일반적인 존재론적 전환'의 특수한 양식으로 볼 수 있다. 즉, 분류학적 전환은 일반적인 존재론적 전환의 특수한 사례이고, 존재론적 전환은 분류학적 전환의 일반화된 양식이라고 볼 수 있다. 물론 대상 범주 내에서의 분류학적 전환과 대상과 사건 사이의 존재론적 전환이 전환의 양상과 효과 면에서 정확히 일치하지는 않겠지만, 그들은 모두 하나의 존재론적 나무가 그것과 양립할 수 없는 다른 나무로 재배치된다는 점에서 본질적으로 같다.

둘째, 첸은 의사소통의 일방향성으로부터 공약불가능성의 일방향성을 이끌어 내고, 이것이 공약불가능성의 대칭성을 주장한 쿤의 입장과 충돌한다고 지적한다. 그러나 공약불가능성의 대칭성과 의사소통 가능성의 비대칭성은 양립할 수 있다. 쿤의 후기 철학에서 공약불가능성은 분류 체계들의 불일치로 인한 어휘집의 번역불가능성으로 규정된다(Kuhn, 1991/2000; 1993). 의사소통의 장애는 그러한 공약불가능한 어휘집들을 소유한 상이한 과학공동체 종사자들에게서 나타나는 현상이다. 따라서 공약 불가능성 자체는 방향성이 없는 개념이다. 분류 체계 A와 분류 체계 B가 공약 불가능하다면, 분류 체계 B도 분류 체계 A와 공약불가능하다. 반면, 의사소통의 가능성은 단지 분류 체계들 사이의 관계뿐 아니라 다양한 배경지식과 실험적·도구적 실천들에 의해 결정된다. 그리고 많은 과학혁명의 사례에서 의사소통의 장애는 일방향적이기 쉽다(Hong, 2000). 후속 이론의 옹호자들은 앞선 이론을 이해하지만, 반대로 앞선 이론의 옹호자들은 후속 이론을 이해하지 못하는 경우도 흔히 존재한다. 물론 대상과 사건 사이의 관계가 그러한 비대칭성을 일으키는 한 가지 원인일 수도 있지만, 그것이 유일한 원인이라고 단정할 수는 없다. 일반적으로 존재론적 전환 과정에서 발생하는 인지적 부담은 의사소통의 장애를 불러올 수 있고, 그것이 얼마나 광범위하고 깊게, 그리고 어떤 방향으로 작용하는지는 사안별로 논의되어야 할 것이다. 따라서 방향성에 대한 문제 제기는 과학혁명을 일반화된 존재론적 전환으로 이해하려는 시도를 방해하지 않는다.

대상과 사건 사이의 전환을 중요하게 생각해야 한다는 첸의 주장은 옳지만, 그것이 쿤의 기본적인 아이디어와 충돌한다는 주장은 옳지 않다. 오히려 그의 지적은 분류학적 전환으로서의 과학혁명을 존재론적 전환으로서의 과학혁명으로 일반화해야 할 좋은 이유를 제공한다. 일반화된 존재론적 전환은 단지 대상과 사건이라는 주요 존재론적 범주를 가로지르는 전환뿐 아니라 존재론적 나무에서 발생하는 재배치 전반을 말한다. 결국 과학혁명이 일반화된 의미에서 존재론적 범주들의 변화라는 쿤의 통찰은 여전히 유효하다.

8. 결론

토머스 쿤은 20세기 지성사에 커다란 발자취를 남긴 지적인 거인이었으나 우리에게 익숙하게 알려진 그의 사상은 일면일 뿐이다. 『구조』는 분명히 통찰력 있는 주장들을 담고 있고, 과학철학에 영구적인 변화를 가져온 문제작이다. 따라서 『구조』는 그의 사상에 입문하기 위해서는 피할 수 없는 첫 단계다. 그러나 우리는 그의 후기 저술에서 드러나는 좀 더 성숙한 견해에 주의를 기울일 필요가 있다. 『구조』에서 그가 펼쳐 보인 새로운 과학철학은 많은 이의 찬사를 받았지만 동시에 많은 오해를 사기도 했다. 과학의 객관성과 합리성을 옹호하려 했던 철학자들은 쿤이 그리는 과학의 모습이 비합리적이며 상대주의적이라고 비판했고, 과학지식사회학의 스트롱 프로그램 관련 인사들은 그를 선구자로 보았다. 쿤은 과학의 합리성과 진보를 믿는다고 반복적으로 말했으며, 오해를 불식시키기 위해 지속적으로 이론을 정교하게 만들었다.

쿤의 언어적 전회는 그러한 과정의 일환이었다. 언어적 전회 이전과 이후 쿤의 철학은 얼마나 연속적이고 또 불연속적인가? 언어적 전회 이후 쿤은 패러다임 대신 이론에 관해 이야기하고, 혁명과 공약불가능성을 번역이나 언어 학습과 같은 언어적 차원에서 재정의하고자 했다. 쿤이 제안한 과학공동체는 이제 어휘집을 공유하는 언어공동체로 간주되었다. 그런 점들은 분명히 쿤의 전기 철학과 달라진 부분들이다. 그러나 쿤의 연구 주제와 방법론은 상당한 연속성을 보여 준다. 쿤이 탐구했던 것은 공동체적 활동으로서의 과학의 발달 양상이었고, 그는 그것을 자연주의적 방식으로 탐구하고자 했다. 이러한 태도는 언어적 전회 이후에도 동일하다. 그는 언어공동체로 특징지어진 과학공동체가 공통의 어휘집을 가지고 연구 활동에 종사하는 방식과 어휘집의 급격한 변동으로 인해 생겨나는 번역불가능성으로서의 공약불가능성을 해명하기 위해 노력했다.

3장에서 본 것처럼, 언어적 전회는 쿤이 자연주의를 완전히 탈피하여 선험주의 철학자가 되었음을 의미하지는 않는다. 4장에서는 쿤이 자연주의를 유지했다는 점에서 그의 사상적 궤적이 연속적이었다고 주장했다. 특히 4장의 '개념 이론과 연계된 자연주의' 절에서 보인 것처럼, 쿤은 언어적인 것과 개념적인 것을 분명히 구분하지 않았지만, 그의 견해는 언어적·기호적 차원보다는 선-언어적 개념 모듈의 수준에서 더 잘 이해될 수 있다. 그뿐만 아니라 쿤이 언어적 자원에 호소하는 경우에도 단순히 선험적인 언어철학에 기대기보다는 언어 발달에 대한 심리학적 연구들을 염두에 두고 있었다. 따라서 쿤이 감행한 소위 '언어적 전회'는 전기 철학과의 완전한 단절을 의미하며, 우리는 그의 전기 철학과 후기 철학 중에서 선택해야만 한다는 주장은 쉽게 받아들이기 어렵다.

이 책에서는 쿤에 대한 영향력 있는 두 해석과 대결한다. 호이닝겐-후에네의 칸트주의적 해석과 버드의 실증주의적 해석이다. 버드는 범례로서의 패러다임을 자연화함으로써 쿤의 통찰을 발전시킬 수 있다고 제안하면서도 쿤의 후기 핵심적인 철학적 논제인 공약불가능성 논제는 실증주의적 유산으로 인해 실패했다고 진단했다. 버드는 사상적 이단아였던 쿤이 처한 사상사적 맥락의 일부는 잘 파악했지만, 지시에 대한 인과적 이론과 실재론에 대한 자신의 입장으로 인해 쿤의 철학을 휘그whig적으로 서술하고 말았다. 현대 분석철학의 주류적 관점으로 과거 철학 이론을 평가한 것이다. 나는 왜 이것이 잘못된 해석인지 3장(특히 '버드의 잘못된 진단' 절)에서 논의했다. 다른 한편, 호이닝겐-후에네의 해석은 쿤을 칸트주의라는 커다란 맥락에 위치시킴으로써 쿤으로부터 인정을 받았다. 그는 쿤의 세계 변화 논제를 뒷받침하기 위해 칸트적 세계 이론을 도입하고 현상 세계의 다수성 논제를 정식화했다. 그러나 6장(특히 '칸트주의 해석의 난점' 절)에서 드러난 것처럼, 과학혁명 시기 과학자들이 겪기도 하는 지각 경험에서의 변화를 설명하기 위해 세계의 개념을 도입한 것은 형이상학적으로 과도한 대응이었다고 평가할 수 있다.

쿤은 역사가 제기한 철학적 문제들을 인지과학을 포함한 경험적 연구들을 활용하여 해결하려 했던 자연주의 철학자였다.

참고문헌

1차 문헌

Kuhn, T. S. (1959/1977). "The Essential Tension: Tradition and Innovation in Scientific Research." In: C. Taylor (ed.), *The Third (1959) University of Utah Research Conference on the Identification of Scientific Talent*. Salt Lake City: University of Utah Press. Reprinted in Kuhn (1977), pp. 225-239.

Kuhn, T. S. (1970a). *The Structure of Scientific Revolutions*, 2nd ed. Chicago: The University of Chicago Press.

Kuhn, T. S. (1970b/2000). "Reflections on My Critics." In: I. Lakatos and A. Musgrave (eds.), *Criticism and the Growth of Knowledge*. London: Cambridge University Press. Reprinted in Kuhn (2000), pp. 123-175.

Kuhn, T. S. (1974/1977). "Second Thoughts on Paradigms." In: F. Suppe (ed.), *The Structure of Scientific Theories*. Urbana: University of Illinois Press. Reprinted in Kuhn (1977), pp. 293-319.

Kuhn, T. S. (1976). "Theory-Change as Structure-Change: Comments on the Sneed Formalism." *Erkenntnis*, 10: 179-199.

Kuhn, T. S. (1977). *The Essential Tension*. Chicago: The University of Chicago Press.

Kuhn, T. S. (1979/2000). "Metaphor in Science." In: Andrew Ortony (ed.), *Metaphor and Thought*. Cambridge: Cambridge University Press. Reprinted in Kuhn (2000), pp. 196-207.

Kuhn, T. S. (1983). "Commensurability, Comparability, Communicability." *PSA*, 1982: 669-688.

Kuhn, T. S. (1987/2000). "What Are Scientific Revolutions?" In: L. Krüger, L. J. Daston, and M. Heidelberger (eds.), *The Probabilistic Revolution*. Cambridge: Cambridge University Press. Reprinted in Kuhn (2000), pp. 13-32.

Kuhn, T. S. (1989). "Possible Worlds in History of Science." In: S. Allen (ed.), *Possible Worlds in Humanities, Arts and Sciences*. Berlin: de Gruyter.

Kuhn, T. S. (1990a). "Dubbing and Redubbing: The Vulnerability of Rigid Designation." In: C. Savage (ed.), *Scientific Theories* (pp. 298-318). Minneapolis: University of Minnesota Press.

Kuhn, T. S. (1990b). "An Historian's Theory of Meaning." Talk to cognitive science colloquium, UCLA. 4/26/90. MC 240, box 24, folder 8. Institute Archives and Special Collections, MIT Libraries, Cambridge, Massachusetts.

Kuhn, T. S. (1991/2000). "The Road Since *Structure*." *PSA*, 1990(2): 2-13. Reprinted in Kuhn (2000), pp. 90-104.

Kuhn, T. S. (1992). "The Trouble with the Historical Philosophy of Science." *Occasional Publication of the Department of History of Science*. Cambridge: Harvard University. Reprinted in Kuhn (2000), pp. 105-120.

Kuhn, T. S. (1993). "Afterwords." In: P. Horwich (ed.), *World Changes: Thomas Kuhn and the Nature of Science*. Cambridge: The MIT Press.

Kuhn, T. S. (2000). *The Road Since Structure. Philosophical Essays, 1970-1993, with an Autobiographical Interview*, edited by J. Conant and J. Haugeland. Chicago: The University of Chicago Press.

Kuhn, T. S., et al. (1997). "A Physicist Who Became a Historian for Philosophical Purposes." A discussion between Thomas S. Kuhn and Aristides Baltas, Kostas Gavroglu, Vasso Kindi, Neusis, 6, pp. 145-200.

Reprinted in Kuhn (2000), pp. 255-323.

[Thomas Kuhn Archives]

Thomas Kuhn papers, MC 240, box 23, folder 5. Institute Archives and Special Collections, MIT Libraries, Cambridge, Massachusetts.

Thomas S. Kuhn, "Philosophy 24.853."

2차 문헌

김보현(2003). 「통약불가능성 문제와 라우던의 도구주의적 해법」. 『철학연구』 88: 1-19.

박종식(2008). 「현대 과학철학에서 핸슨과 쿤의 칸트주의적 경향」. 『대동철학』 42: 99-127.

박준호(2015). 「토마스 쿤의 공약불가능성 논제: 의미와 논증」. 『동서철학연구』 78: 497-523.

신중섭(1985). 「Kuhn과 Feyerabend에 있어서 불가공약성과 합리성의 문제」. 『철학연구』 9(1): 267-283.

신중섭(2008). 「쿤은 칸트주의자인가」. 『대동철학』 43: 215-225.

여영서(2011). 「쿤과 베이즈의 세 번째 만남」. 『과학철학』 14(1): 67-103.

이상욱(2004). 「전통과 혁명: 토마스 쿤 과학철학의 다면성」. 『과학철학』 7(1): 57-89.

이상원(2013). 「어휘집에 의존하는 진리의 수립」. 『인문과학』 52: 131-150.

이정민(2012). 「쿤과 과학적 철학의 이념」. 『과학철학』 15(2): 175-208.

정동욱·정원호(2020). 「위기 없는 혁명: 코페르니쿠스 혁명을 중심으로」. 『과학철학』 23(2): 1-51.

정병훈(1985). 「과학의 합리성: T. 쿤을 중심으로」. 『철학연구』 41: 201-224.

조인래(1996). 「공약불가능성 논제의 방법론적 도전」. 『철학』 47: 155-187.

조인래(2006). 「철학 속의 자연주의: 과학철학의 자연화」. 『과학철학』 9(2): 1-33.

조인래(2017). 「과학적 합리성에서의 쿤적 전환」. 『과학철학』 20(2): 97-137.

조인래(2018). 『토마스 쿤의 과학철학: 쟁점과 전망』, 서울: 소화.

천현득(2013). 「토마스 쿤의 개념 이론」. 『철학』 115: 111-141.

천현득(2014). 「과학적 개념에 대한 인지적 메타정보 이론」. 서울대학교 박사 학위논문.

천현득(2016). 「존재론적 전환으로서의 과학 혁명」. 『철학사상』 61: 367-405.

천현득(2020). 「지각의 인지적 침투와 관찰의 이론적재성」. 『과학철학』 23(1): 75-107.

홍성욱(2014). 「초기 사회구성주의와 과학철학의 관계에 대한 고찰(1): 패러다임으로서의 쿤」. 『과학철학』 17(2): 14-43.

Amitani, Y. (2010). "The Persistence Question of the Species Problem." Ph.D. Dissertation. Vancouver: University of British Columbia.

Andersen, H. (2001). "Reference and Resemblance." *Philosophy of Science*, 68: S50-S61.

Andersen, H. (2012). "Scientific Concepts and Conceptual Change." In: V. Kindi and T. Arabatzis (eds.), *Kuhn's the Structure of Scientific Revolutions Revisited* (pp. 179-204). New York: Routledge.

Andersen, H. and N. Nersessian (2000). "Nomic Concepts, Frames, and Conceptual Change." *Philosophy of Science*, 67: 224-241.

Andersen, H., P. Barker, and X. Chen (1996). "Kuhn's Mature Philosophy of Science and Cognitive Psychology." *Philosophical Psychology*, 9: 347-363.

Andersen, H., P. Barker, and X. Chen (2006). *The Cognitive Structure of Scientific Revolutions*. Cambridge: Cambridge University Press.

Babich, B. E. (2003). "From Fleck's Denkstil to Kuhn's Paradigm: Conceptual Schemes and Incommensurability." *International Studies in the Philosophy of Science*, 17: 75-92.

Balcetis, E. and D. Dunning (2006). "See What You Want to See:

Motivational Influences on Visual Perception." *Journal of Personality and Social Psychology*, 91(4): 612-625.

Barker, P., X. Chen, and H. Andersen (2003). "Kuhn on Concepts and Categorization." In: Thomas Nickles (ed.), *Thomas Kuhn* (pp. 212-245). New York: Cambridge University Press.

Barsalou, L. W. (1992). "Frames, Concepts, and Conceptual Fields." In: A. Lehrer and E. F. Kittay (eds.), *Frames, Fields, and Contrasts* (pp. 21-74). New York: Lawrence Erlbaum.

Bickle, J., P. Mandik, and A.y Landreth (2019). "The Philosophy of Neuroscience." In: Edward N. Zalta (ed.), *The Stanford Encyclopedia of Philosophy* (Fall 2019 Edition). URL = 〈https://plato.stanford.edu/archives/fall2019/entries/neuroscience/〉.

Bird, A. (2000). *Thomas Kuhn*. Princeton: Princeton University Press.

Bird, A. (2002). "Kuhn's Wrong Turning." *Studies in History and Philosophy of Science Part A*, 33(3): 443-463.

Bird, A. (2003). "Kuhn, Nominalism, and Empiricism." *Philosophy of Science*, 70(4): 690-719.

Bird, A. (2004). "Kuhn, Naturalism, and the Positivist Legacy." *Studies in History and Philosophy of Science Part A*, 35(2): 337-356.

Bird, A. (2005). "Naturalizing Kuhn." *Proceedings of the Aristotelian Society*, 105(1): 99-117.

Bird, A. (2012). "What Can Cognitive Science Tell Us About Scientific Revolutions?" *Theoria*, 27(3): 293-321.

Bruner, J. and L. Postman (1949). "On the Perception of Incongruity: A Paradigm." *Journal of Personality*, 18: 206-223.

Casati, R. and A. Varzi (2010). "Events." In: Edward N. Zalta (ed.), *The Stanford Encyclopedia of Philosophy*. (https://plato.stanford.edu/archives/sum2020/entries/events/).

Carey, S. (1985). *Conceptual Change in Childhood*. Cambridge: The MIT Press.

Carey, S. and E. Spelke (1996). "Science and Core Knowledge." *Philosophy of Science*, 63: 515-533.

Chang, H. (2004). *Inventing Temperature*. New York: Oxford University Press.

Chang, H. (2009). "We Have Never Been Whiggish (About Phlogiston)." *Centaurus*, 51: 239-264.

Chao, L. L. and A. Martin (2000). "Representation of Manipulable Man-made Objects in the Dorsal Stream." *Neuroimage*, 12: 478-484.

Chen, X. (1997). "Thomas Kuhn's Latest Notion of Incommensurability." *Journal for General Philosophy of Science*, 28: 257-273.

Chen, X. (2003). "Why Did John Herschel Fail to Understand Polarization? The Differences between Object and Event Concepts." *Studies in History and Philosophy of Science Part A*, 34: 491-513.

Chen, X. (2007). "The Object Bias and the Study of Scientific Revolutions: Lessons from Developmental Psychology." *Philosophical Psychology*, 20: 479-503.

Chen, X. (2010). "A Different Kind of Revolutionary Change: Transformation from Object to Process Concepts." *Studies in History and Philosophy of Science Part A*, 41: 182-191.

Chen, X., H. Andersen, and P. Barker (1998). "Kuhn's Theory of Scientific Revolutions and Cognitive Psychology." *Philosophical Psychology*, 11: 5-28.

Cheon, H. (2014). "Meta-incommensurability Revisited." *THEORIA*, 80: 243-259.

Cheon, H. and E. Machery (2016). "Scientific Concepts." In: Paul Humphreys (ed.), *Oxford Handbook for the Philosophy of Science* (pp. 506-523). New York: Oxford University Press.

Chi, M. T. H. (1992). "Conceptual Change within and across Ontological Categories: Examples from Learning and Discovery in Science."

In: R. Giere (ed.), *Cognitive Models of Science* (pp. 129-186). Minnesota: University of Minnesota Press.

Chi, M. T. H. and R. D. Roscoe (2002). "The Processes and Challenges of Conceptual Change." In: M. Limon and L. Mason (eds.), *Reconsidering Conceptual Change* (pp. 3-27). Boston: Kluwer Academic Publishers.

Chi, M. and R. Hausmann (2003). "Do Radical Discoveries Require Ontological Shifts?" In: L. Shavinina and R. Sternberg (eds.), *International Handbook on Innovation* (pp. 430-444). New York: Elsevier.

Chi, M. T. H., P. J. Feltovich, and R. Glaser (1981). "Categorization and Representation of Physics Problems by Experts and Novices." *Cognitive Science*, 5: 121-152.

Chi, M. T. H., J. D. Slotta, and Nicholas De Leeuw (1994). "From Things to Processes: A Theory of Conceptual Change for Learning Science Concepts." *Learning and Instruction*, 4: 27-43.

Damasio, A. R. and D. Tranel (1993). "Nouns and Verbs Are Retrieved with Differently Distributed Neural Systems." *Proceedings of the National Academy of Sciences of the United States of America*, 90: 4957-4960.

Daniele, A., L. Giustolisi, M. C. Silveri, C. Colosimo, and G. Gainotti (1994). "Evidence for a Possible Neuroanatomical Basis for Lexical Processing of Nouns and Verbs." *Neuropsychologia*, 32: 1325-1341.

Davidson, D. (1974). "The Very Idea of a Conceptual Scheme." *Proceedings & Addresses of the American Philosophical Association*, 47: 5-20.

Devitt, M. (2001). "Incommensurability and the Priority of Mataphysics." In: Paul Hoyningen-Huene and Howard Sankey (eds.), *Incommensurability and Related Matters* (pp. 143-157). Boston: Kluwer Academic Publishers.

diSessa, A. (1988). "Knowledge in Pieces." In: G. Forman and P. Pufall (eds.), *Constructivism in the Computer Age* (pp. 49-70). Hillsdale, Mahwha: Erlbaum.

diSessa, A. (1993). "Toward an Epistemology of Physics." *Cognition and Instruction*, 10: 105-225.

Driver-Linn, E. (2003). "Where Is Psychology Going? Structural Fault Lines Revealed by Psychologists' Use of Kuhn." *American Psychologist*, 58(4): 269-278.

Dupré, J. (1993). *The Disorder of Things: Metaphysical Foundations of the Disunity of Science*. Cambridge: Harvard University Press.

Dupré, J. (1996). "Promiscuous Realism: Reply to Wilson." *British Journal for the Philosophy of Science*, 47: 441-444.

Feyerabend, P. (1962). "Explanation, Reduction and Empiricism." In: H. Feigl and G. Maxwell (eds.), *Scientific Explanation, Space, and Time* (pp. 28-97). Minneapolis: University of Minneapolis Press.

Feyerabend, P. (1975). *Against Method: Outline of an Anarchistic Theory of Knowledge*. Atlantic Highlands: Humanities Press.

Field, H. (1973). "Theory Change and the Indeterminacy of Reference." *Journal of Philosophy*, 70(14): 462-481.

Forbes, E. G. (1983). "The Pre-discovery Observations of Uranus." In: G. Hunt (ed.), *Uranus and the Outer Planets* (pp. 67-79). Cambridge: Cambridge University Press.

Friedman, M. (1993). "Remarks on the History of Science and the History of Philosophy." In: P. Horwich (ed.), *World Changes: Thomas Kuhn and the Nature of Science* (pp. 37-54). Cambridge: The MIT Press.

Friedman, M. (2003). "Kuhn and Logical Empiricism." In: T. Nichles (ed.), *Thomas Kuhn* (pp. 19-45). Cambridge: Cambridge University Press.

Gattei, S. (2008). *Thomas Kuhn's "Linguistic Turn" and the Legacy of Logical Empiricism: Incommensurability, Rationality and the Search for Truth*. Aldershot: Ashgate.

Gentner, D. (1982). "Why Nouns Are Learned before Verbs: Linguistic

Relativity Versus Natural Partitioning." In: S. Kuczaj (ed.), *Language Development, Vol. 2. Language, Thought and Culture* (pp. 301-334). Hillsdale: Erlbaum.

Gentner, D., K. Holyoak, and B. Kokinov (2001). *The Analogical Mind: Perspectives from Cognitive Science.* Cambridge: The MIT Press.

Gibson, J. J. (1979). *The Ecological Approach to Visual Perception*. Boston: Houghton Mifflin.

Giere, R. N. (1988). *Explaining Science: A Cognitive Approach.* Chicago: The University of Chicago Press.

Giere, R. N. (1992). *Cognitive Models of Science.* Minneapolis: University of Minnesota Press.

Green, E. (2016). "What are the Most-cited Publications in Social Sciences (according to Google Scholar)?"(https://blogs.lse.ac.uk/impactofsocialsciences/2016/05/12/what-are-the-most-cited-publications-in-the-social-sciences-according-to-google-scholar/) (Accessed 2021.12.13).

Hacking, I. (1983). *Representing and Intervening: Introductory Topics in the Philosophy of Natural Science.* New York: Cambridge University Press.

Hacking, I. (1993). "World in a New World." In: P. Horwich (ed.), *World Changes: Thomas Kuhn and the Nature of Science* (pp. 275-310). Cambridge: The MIT Press.

Hansen, T., M. Olkkonen, S. Walter, and K. Gegenfurtner (2006). "Memory Modulates Color Appearance." *Nature Neuroscience*, 9: 1367-1368.

Hebb, D. O. (1949). *The Organization of Behavior: A Neuropsychological Theory.* New York: Wiley.

Heilbron, J. L. (1998). "Thomas Samuel Kuhn, 18 July 1922-17 June 1996." *Isis*, 89(3): 505-515.

Hempel, C. (1952). *Fundamentals of Concept Formation in Empirical Science.* Chicago: The University of Chicago Press.

Hempel, C. (1966). *Philosophy of Natural Sciences.* New Jersey: Prentice-Hall.

Hong, S. (2000). "Once Upon a Time in Physics When Both Mathematics and Experiment Were Helpless: A Strange Life of Voltaic Contact Potential." *Physics in Perspective*, 2: 269-292.

Horwich, P., ed. (1993). *World Changes: Thomas Kuhn and the Nature of Science.* Cambridge: The MIT Press.

Hoyningen-Huene, P. (1990). "Kuhn's Conception of Incommensurability." *Studies in History and Philosophy of Science Part A*, 21(3): 481-492.

Hoyningen-Huene, P. (1993). *Reconstructing Scientific Revolutions: Thomas S. Kuhn's Philosophy of Science.* Chicago: The University of Chicago Press.

Hoyningen-Huene, P. (2015). "Kuhn's Development Before and After *Structure*." In: W. Devlin and A. Bokulich (eds.), *Kuhn's Structure of Scientific Revolutions - 50 Years On* (pp. 185-195). New York: Springer.

Hoyningen-Huene, P. and E. Oberheim (2009). "Reference, Ontological Replacement and Neo-Kantianism: A Reply to Sankey." *Studies in History and Philosophy of Science Part A*, 40(2): 203-209.

Hoyningen-Huene, P., E. Oberheim, and H. Andersen (1996). "On Incommensurability." *Studies in History and Philosophy of Science*, 27(1): 12.

Irzik, G. and T. Grünberg (1995). "Carnap and Kuhn: Arch Enemies or Close Allies?" *British Journal for the Philosophy of Science*, 46: 285-307.

Irzik, G. and T. Grünberg (1998). "Whorfian Variations on Kantian Themes: Kuhn's Linguistic Turn." *Studies in History and Philosphy of Science Part A*, 29(2): 207-221.

Keil, F. C. (1979). *Semantic and Conceptual Development: An Ontological Perspective.* Cambridge: Harvard University Press.

Keil, F. C. (1983). "On the Emergence of Semantic and Conceptual Distinctions." *Journal of Experimental Psychology: General*, 112: 357-385.

Keil, F. C. (1989). *Concepts, Kinds, and Cognitive Development*. Cambridge: The MIT Press.

Kindi, V. (2010). "Novelty and Revolution in Art and Science: The Connection between Kuhn and Cavell." *Perspectives on Science*, 18(3): 284-310.

Kitcher, P. (1978). "Theories, Theorists and Theoretical Change." *Philosophical Review*, 87: 519-547.

Kitcher, P. (1993). *The Advancement of Science: Science without Legend, Objectivity without Illusions*. New York: Oxford University Press.

Kitcher, P. (2018). "The Ashtray Has Landed: The Case of Morris v. Kuhn." *Los Angelis Review of Books*.

Kuukkanen, J.-M. (2010). "Kuhn on Essentialism and the Causal Theory of Reference." *Philosophy of Science*, 77(4): 544-564.

Ladyman, J. (2002). *Understanding Philosophy of Science*. New York: Routledge.

Ladyman, J. (2011). "Structural Realism versus Standard Scientific Realism: The Case of Phlogiston and Dephlogisticated Air." *Synthese*, 180: 87-101.

Lakatos, I. and A. Musgrave (1970). *Criticism and the Growth of Knowledge*. Cambridge: Cambridge University Press.

Laudan, L. (1987). "Progress or Rationality: The Prospects for Normative Naturalism." *American Philosophical Quarterly*, 24: 19-31.

Leake, D. (1998). "Case-Based Reasoning." In: W. Bechtel and G. Graham (eds.), *A Companion to Cognitive Science* (pp. 465-476). Oxford: Blackwell.

Machery, E. (2009). *Doing without Concepts*. New York: Oxford University Press.

Machery, E., Ron Mallon, Shaun Nichols, and Stephen Stich (2004). "Semantics, Cross-Cultural Style." *Cognition*, 92: B1-B12.

Macpherson, F. (2012). "Cognitive Penetration of Colour Experience. Rethinking the Issue in Light of an Indirect Mechanism." *Philosophy and Phenomenological Research*, 84(1): 24-62.

Mallon, R., M. Edouard, Nichols, Shaun, and Stephen Stich (2009). "Against Arguments from Reference." *Philosophy and Phenomenological Research*, 79: 332-356.

Marchi, F. (2017). "Attention and Cognitive Penetrability: The epistemic consequences of attention as a form of metacognitive regulation." *Consciousness and Cognition*, 47: 48-62.

Martin, M. (1971). "Referential Variance and Scientific Objectivity." *British Journal for the Philosophy of Science*, 22: 17-26.

Masterman, M. (1970). "The Nature of a Paradigm." In: I. Lakatos and A. Musgrave (eds.), *Criticism and the Growth of Knowledge* (pp. 59-89). London: Cambridge University Press.

Mätzig, S., J. Druks, J. Masterson, and G. Vigliocco (2009). "Noun and Verb Differences in Picture Naming: Past Studies and New Evidence." *Cortex*, 45: 738-758.

McCloskey, M., A. Caramazza, and B. Green (1980). "Curvilinear Motion in the Absence of External Forces: Naive Beliefs About the Motion of Objects." *Science*, 210: 1139-1141.

McGurk, H. and J. MacDonald (1976). "Hearing Lips and Seeing Voices." *Nature*, 264: 746-748.

Medin, D. and M. Schaffer (1978). "Context Theory of Classification Learning." *Psychological Review*, 85: 207-238.

Minsky, M. (1975). "A Framework for Representing Knowledge." In: P. Winston (ed.), *The Psychology of Computer Vision* (pp. 211-277). New York: McGraw-Hill.

Mole, C. (2015). "Attention and Cognitive Penetration." In: J. Zeimbekis and A. Raftopoulos (eds.), *The Cognitive Penetrability of Perception: New Philosophical Perspectives* (pp. 218-238). New York: Oxford University Press.

Morris, E. (2018). *The Ashtray: (Or the Man Who Denied Reality)*. Chicago:

University of Chicago Press.

Mößner, N. (2011). "Thought Styles and Paradigms: A Comparative Study of Ludwik Fleck and Thomas S. Kuhn." *Studies in History and Philosophy of Science Part A*, 42: 362-371.

Murphy, G. L. (2002). *The Big Book of Concepts*. Cambridge: The MIT Press.

Murphy, G. L., and D. L. Medin (1985). "The Role of Theories in Conceptual Coherence." *Psychological Review*, 92: 289-316.

Nersessian, N. (1984). *Faraday to Einstein : Constructing Meaning in Scientific Theories*. Dordrecht, The Netherlands: Kluwer Academic Publishers.

Nersessian, N. (1989). "Conceptual Change in Science and in Science Education." *Synthese*, 80: 163-183.

Nersessian, N. (2003). "Kuhn, Conceptual Change and Cognitive Science." In: T. Nickles (ed.), *Thomas Kuhn* (pp. 178-211). Cambridge: Cambridge University Press.

Nersessian, N. (2008). *Creating Scientific Concepts*. Cambridge: The MIT Press.

Newen, A. (2017). "Defending the Liberal-content View of Perceptual Experience: Direct Social Perception of Emotions and Person Impressions." *Synthese*, 194: 761-785.

Newton-Smith, W. (1981). *The Rationality of Science*. London: Routledge & Kegan Paul.

Nickles, T. (2003). "Normal Science: From Logic to Case-based and Model-Based Reasoning." In: T. Nickles (ed.), *Thomas Kuhn* (pp. 142-177). Cambridge: Cambridge University Press.

Nosofsky, R. (1986). "Attention, Similarity, and the Identification-Categorization Relationship." *Journal of Experimental Psychology-General*, 115: 39-57.

Oberheim, E. and P. Hoyningen-Huene (1997). "Incommensurability, Realism and Meta-Incommensurability." *Theoria*, 12: 447-465.

Petersen, S. E., Peter T. Fox, M. I. Posner, M. Mintun, and M. E. Raichle (1989). "Positron Emission Tomographic Studies of the Processing of Singe Words." *Journal of Cognitive Neuroscience*, 1: 153-170.

Politi, V. (2021). "Taxonomies, Networks, and Lexicons: A Study of Kuhn's Post-'Linguistic Turn' Philosophy." *International Studies in the Philosophy of Science*, 33(2): 1-17.

Prinz, J. (2002). *Furnishing the Mind: Concepts and Their Perceptual Basis*. Cambridge: The MIT Press.

Proverbio, A., R. Adorni, and G. D'Aniello (2011). "250ms to Code for Action Affordance During Observation of Manipulable Objects." *Neuropsychologia*, 49: 2711-2717.

Psillos, S. (1997). "Kitcher on Reference." *International Studies in the Philosophy of Science*, 11: 259-272.

Psillos, S. (1999). *Scientific Realism: How Science Tracks Truth*. New York: Routledge.

Pulvermüller, F., W. Lutzenberger, and H. Preissl (1999). "Nouns and Verbs in the Intact Brain: Evidence from Event-Related Potentials and High-Frequency Cortical Responses." *Cerebral Cortex*, 9: 497-506.

Pulvermüller, F., B. Mohr, and H. Schleichert (1999). "Semantic or Lexico-Syntactic Factors: What Determines Word-Class Specific Activity in the Human Brain?" *Neuroscience Letters*, 275: 81-84.

Putnam, H. (1981). *Reason, Truth and History*. Cambridge: Cambridge University Press.

Quine, W. V. (1960). *Word and Object*. Cambridge: The MIT Press.

Raftopoulos, A. (2009). *Cognition and Perception*. Cambridge: The MIT Press.

Raftopoulos, A. (2015). "The Cognitive Impenetrability of Perception and Theory-Ladenness." *Journal for General Philosophy of Science*, 46(1): 1-17.

Reiner, M., J. D. Slotta, M. T. H. Chi, and L. B. Resnick (2000). "Naive Physics

Reasoning: A Commitment to Substance-Based Conceptions." *Cognition & Instruction*, 18: 1-34.

Reisch, G. A. (1991). "Did Kuhn Kill Logical Empiricism?" *Philosophy of Science*, 58: 264-277.

Reisch, G. A. (2016). "Aristotle in the Cold War: On the Origins of Thomas Kuhn's *The Structure of Scientific Revolutions*." In: L. Daston and R. J. Richards (eds.), *Kuhn's Structure at Fifty: Reflections on a Classic* (pp. 12-29). Chicago: The University of Chicago Press.

Renzi, B. (2009). "Kuhn's Evolutionary Epistemology and Its Being Undermined by Inadequate Biological Concepts." *Philosophy of Science*, 76: 143-159.

Rice, C. (2016). "Concepts as Pluralistic Hybrids." *Philosophy and Phenomenological Research*, 92(3): 597-619.

Rosch, E. (1978). "Principles of Categorization." In: E. Rosch and B. Lloyd (eds.), *Cognition and Categorization* (pp. 27-48). LJ: Lawrence Erlbaum.

Rosch, E. and C. Mervis (1975). "Family Resemblances: Studies in the Internal Structure of Categories." *Cognitive Psychology*, 7: 573-605.

Russell, B. and A. N. Whitehead (1913/1962). *Principia Mathematica to *56*. Cambridge: Cambridge University Press.

Ryle, G. (1938/1971). "Categories." *Collected Papers, Volume 2: Collected Essays*. New York: Barnes and Noble.

Ryle, G. (1949). *The Concept of Mind*. Chicago: The University of Chicago Press.

Samuel, A. G. (1981). "Phonemic Restoration: Insights from a New Methodology." *Journal of Experimental Psychology: General*, 110: 474-494.

Samuels, R. and M. Ferreira (2010). "Why Don't Concepts Constitute a Natural Kind?" *Behavioral and Brain Sciences*, 33: 222-223.

Sankey, H. (1993). "Kuhn's Changing Concept of Incommensurability." *British Journal for the Philosophy of Science*, 44: 759-774.

Sankey, H. (1994). *The Incommensurability Thesis*. Brookfield: Avebury.

Sankey, H. (1997). "Incommensurabiliy: The Current State of Play." *Theoria*, 12: 425-445.

Sankey, H. (1998). "Taxonomic Incommensurability." *International Studies in the Philosophy of Science*, 12: 7-16.

Sankey, H. (2008). *Scientific Realism and the Rationality of Science*. Aldershot: Ashgate.

Sankey, H. (2009a). "Scientific Realism and the Semantic Incommensurability Thesis." *Studies in History and Philosophy of Science Part A*, 40: 196-202.

Sankey, H. (2009b). "A Curious Disagreement: Response to Hoyningen-Huene and Oberheim." *Studies in History and Philosophy of Science Part A*, 40: 210-212.

Scheffler, I. (1967). *Science and Subjectivity*. Indianapolis: Bobbs-Merrill.

Schroeder, D. V. (1999). *An Introduction to Thermal Physics*. Boston: Addison Wesley.

Shan, Y. (2020). "Kuhn's "wrong turning" and legacy today." *Synthese*, 197(1): 381-406.

Shapere, D. (1971). "The Paradigm Concept." *Science*, 172: 706-709.

Sharrock, W. W. and R. J. Read (2002). *Kuhn: Philosopher of Scientific Revolutions*. Malden: Polity.

Shapiro, K. A., Lauren R. Moo, and A. Caramazza (2006). "Cortical Signatures of Noun and Verb Production." *Proceedings of the National Academy of Sciences of the United States of America*, 103: 1644-1649.

Slotta, J. D. and Michelene T. H. Chi (2006). "Helping Students Understand Challenging Topics in Science through Ontology Training." *Cognition & Instruction*, 24: 261-289.

Smith, E. E. and D. L. Medin (1981). *Categories and Concepts*. Cambridge: Harvard University Press.

Sommers, F. (1963). "Types and Ontology." *Philosophical Review*, 72: 327-363.

Sommers, F. (1971). "Structural Ontology." *Philosophia*, 1: 21-42.

Spelke, E., A. Phillips, and A. Woodward (1995). "Infant's Knowledge of Object Motion and Human *Action*." In: D. Sperber, D. Premack, and A. Premack (eds.), *Causal Cognition: A Multidisciplinary Debate* (pp. 44-78). Oxford: Clarendon Press.

Stokes, D. (2012). "Perceiving and Desiring: A new look at the cognitive penetrability of experience." *Philosophical Studies*, 158: 477-492.

Stokes, D. (2013). "Cognitive Penetrability of Perception." *Philosophy Compass*, 8(7): 646-663.

Stump, D. (1992). "Naturalized Philosophy of Science with a Plurality of Methods." *Philosophy of Science*, 59(3): 456-460.

Thagard, P. (1990). "Concepts and Conceptual Change." *Synthese*, 82: 255-274.

Tyler, L. K., P. Bright, P. Fletcher, and E. A. Stamatakis (2004). "Neural Processing of Nouns and Verbs: The Role of Inflectional Morphology." *Neuropsychologia*, 42: 512-523.

Tyler, L. K., R. Russell, J. Fadili, and H.E. Moss (2001). "The Neural Representation of Nouns and Verbs: Pet Studies." *Brain*, 124: 1619-1634.

Van Helden, A. (1974). "Saturn and his Anses." *Journal for the History of Astronomy*, 5: 105-121.

Vicente, A. and F. M. Manrique (2016). "The Big Concepts Paper: A Defense of Hybridism." *British Journal for the Philosophy of Science*, 67(1): 59-88.

Vigliocco, G., J. Warren, S. Siri, J. Arciuli, S. Scott, and R. Wise (2006). "The Role of Semantics and Grammatical Class in the Neural Representation of Words." *Cereb. Cortex*, 16: 1790-1796.

Votsis, I. and G. Schurz (2012). "A Frame-theoretic Analysis of Two Rival Conceptions of Heat." *Studies in History and Philosophy of Science*, 43: 105-114.

Weiskopf, D. (2009). "The Plurality of Concepts." *Synthese*, 169: 145-173.

Winkler, M. G. and Albert van Helden (1992). "Representing the Heavens: Galileo and Visual Astronomy." *Isis*, 83: 195–217.

Wiser, M. and T. Amin (2001). "Is Heat Hot? Inducing Conceptual Change by Integrating Everyday and Scientific Perspectives on Thermal Phenomena." *Learning and Instruction*, 11(4–5): 331–355.

Wray, K. B. (2016). "The Influence of James B. Conant on Kuhn's Structure of Scientific Revolution." *Journal of the International Society for the History of Philosophy of Science*, 6(1): 1–23.

Wray, K. B., ed. (2021). *Interpreting Kuhn: Critical Essays*. Cambridge: Cambridge University Press.

Wray, K. B. and L. Bornmann (2015). "Philosophy of Science Viewed through the Lense of 'Referenced Publication Years Spectroscopy'(RPYS)." *Scientometrics*, 102(3): 1987–1996.

찾아보기

ㅅ

ㅇ

ㅈ

발간사

신승일
(전 미국 알버트 아인슈타인 의과대학 교수)

인문학과 자연과학을 연결하는 학술적 성찰의 결실인 암곡학술총서의 발간은 제가 오랫동안 갖고 있던 하나의 작은 꿈이 실현되는 것입니다. 지금부터 60여 년 전인 1957년 어느 봄날, 옛 동숭동 교정에서 입학식을 마치고 저는 서울대학교 문리과대학 1학년생이 되었습니다. 그때는 전쟁이 끝난 지 4년이 채 안 되어 전쟁의 흔적이 서울 곳곳에 남아 있었지만, 우리나라 학문의 최고봉이라고 자부하던 문리과대학의 신입생으로 벅찬 희망을 안고 매일 아침 초만원 전차를 타고 종로5가에서 내려 '세느강'으로 불리던 하천을 따라 학교로 갔습니다. 화창한 봄, 동숭동 캠퍼스는 개나리와 라일락이 흐드러지게 피는 낭만적인 곳이었습니다. 그때 우리들은 물질적으로는 가난했지만, 식민통치와 전쟁으로 폐허가 된 나라를 일으켜 세워 일류 국가를 건설하겠다는 신념과 이상으로 가득 차 있었습니다.

저는 2학년을 마치고 군에 입대하였다가 복학한 뒤 3학년을 마친 1962년 전액 장학금을 받고 미국으로 유학을 떠났습니다. 근 20년이 흐른 1979년 봄 교환교수 자격으로 서울대학교에 잠시 돌아오게 되었는데, 이는 당시 자연대 학장으로 계시면서 교환교수 프로그램을 만드신 조완규 교수님(전 서울대학교 총장)의 권유에 따른 것이었습니다. 관악산에 둘러싸인 웅장하고 아름다운 서울대학교 종합캠퍼스는 옛 기억 속의 작은 동숭동 교정과는 사뭇 다른 곳이었습니다. 저는 그때 미국 의과대학의 유전학 교수였는데, 한 학기 동안 서울대학교에서 학부 4학년생과 대학원생을 가르치면서 한 가지 꿈을 갖게 되었습니다. 그것은 언젠가 한국 교육에 기여하는 의미 있는 일을 하자는 것이었습니다. 특히 한국 학문의 대표적 요람인 서울대학교는 사회가 필요로 하는 전문지식인을 양성하는 일도 중요하지만, 그에 못지않게 순수 학문을 통하여 미래의 한국, 나아가서는 미래의 인류 문화에 기여하는 세계의 대학교가 되어야 할 것이고, 그 흐름에 저의 작은 힘이나마 보태자는 생각이었습니다.

21세기 초 오늘의 세계는 과학기술의 발전과 지정학적 변화로 인하여 문명사적으로 중요한 전환점에 와 있다고 생각합니다. 그 한 예가 저의 전공 분야인 생명과학의 발전입니다. 유전학의 발전으로 생물계의 진화는 우발적 돌연변이의 자연선택 대신, DNA의 인위적 조작과 선택을 통하여 인간이 희망하는 방향으로 유도할 수 있게 되었습니다. 자연계에 존재하지 않던 완전히 새로운 생물체가 탄생할 수 있게 된 것입니다. 새로운 농축수산물이 개발되고 생산성이 증가하면 기아 문제가 해결되고 생활수준 향상을 기대할 수 있으나, 다른 한편 생물 다양성 감소로 지구적 대규모 참사의 가능성도 커지게 됩니다. 또한 인류는 암 등의 난치병을 정복하여 수명 연장을 기대할 수 있는 반면, 생명의 인위적인 연장으로 인한

노령화로 사회적·윤리적 문제가 대두할 것입니다. 장기적으로는 인간을 부분적으로 '개조'하거나 온전히 복제하는 것도 가능할 것인데, 이제 우생학적 기회와 유혹을 어떻게 관리할 것인가 하는 문제가 진지하게 고려되어야 할 것입니다.

또 다른 예는 IT의 발전입니다. 인공지능이 발전하면서 스스로 생각할 수 있는 기계가 나타나면, 인간을 기타 동물로부터 구별하는 '생각할 수 있는 능력'이란 과연 의미가 있는 것인가, 예술과 도덕의 영역은 인간만의 영역으로 남을 수 있을 것인가, 궁극적으로 인간성의 근본은 무엇인가 등의 새로운 질문을 피할 수 없습니다. 탈산업화와 사회규범의 변화로 인하여 종교적 신앙의 전통이 쇠퇴하면서 새로운 윤리 체계가 요구되며, 국제화의 가속으로 민족과 국가 중심의 일원적 문화 전통이 새로운 다원적 사회, 다문화 사회로 진화하고 있습니다.

지정학적인 변화 또한 현실로 다가오고 있습니다. 18세기 산업혁명 이후 세계를 정치·문화·경제적으로 지배해 온 유럽문명의 상대적 약화와 제국주의의 몰락, 산업구조의 재편 등으로 20세기 후반부터 시작된 동양문명권의 재부상은 이미 상당히 진행되었습니다. 따라서 유럽과 북미를 중심으로 하는 '서양문명'과 중국·한국·일본을 아우르는 동아시아와 인도를 주축으로 하는 남아시아가 연계된 '동양문명'이 양대 축을 이루는, 새로운 동서 구도의 양극 체제가 정착할 것으로 예상됩니다.

이렇게 여러 분야에서 근본적이고 범지구적인 변화가 빠르게 전개되고 있는 새로운 세계에서, 한국 지식인의 역할은 무엇이어야 하는가? 저는 이 물음에 대한 답을 암곡학술총서가 환하게 밝혀 주기를 바랍니다. 역설적이지만 불확실성이 극대화된 이 시대에 오히려 새로운 한국 문명의 가능성이 열리고 있다고 저는 생각합니다. 우리는 조선 후기의 국가 경영 실패로 인하여 아픈 근대사를 가졌지만, 지난 반세기 동안 서구의 과학기술과 산업 체제를 짧은 기간에 압축적으로 차용하고 소화하여 현대화에 성공하였고, 그 성공을 바탕으로 한국 전통문화의 강점을 새롭게 인식할 수 있는 물질적·심리적 여유를 갖게 되었습니다. 그 결과 새로운 '한국적 사고'의 창조가 가능해졌다고 생각합니다. 한국은 세계 문명사에서 거의 유일하게, 2천 년에 걸쳐 강력한 중앙집권적 국가 체제를 유지하면서도 불교와 유교, 그리고 기독교적인 전통을 모두 흡수하였고, 독자적인 언어와 문자를 가진 고유의 문화적 전통을 유지하는 데 성공한 나라입니다.

이제 한국의 지식인이 인류문명의 새로운 패러다임을 창조하는 장으로 나아가는 길을 열었으면 좋겠습니다. 그렇다면 새로운 한국적 지식인의 표상은 어떤 것인가? 조선시대의 진정한 선비는 정의를 위해 목숨을 걸고 시류에 맞설 줄 아는 지조와 기개를 겸비하였고, 그러면서도 면면히 내려온 우리만의 풍류를 즐기는 내면의 여유도 갖고 있었습니다. 근대사의 피해자였던 한국의 지식인으로서, 우리가 새로운 장으로 나아가기 위해서는, 우선 서양문명에 대한 열등의식을 극복하고, 문화적 정체성을 유지하면서도 세계사적인 안목으로 역사를 인식할 필요가 있다고 생각합니다. 암곡학술총서가 던지는 사유의 시선을 따라가며 서양 중심의 시각에서 벗어나 세계와 인간을 바라보는 '우리'만의 프리즘을 모색할 수 있었으면 좋겠습니다.

암곡학술총서가 궁극적으로 지향하는 바는 서울대학교에서 소양을 닦은 교수와 학생이 진정한 세계 속의 지식인으로 인류사회에 공헌하는 것입니다. 그것은 편협한 전문가로서가 아니라, 인문학의 전통을 이어받은 과학과 현대 과학의 기초를 이해하는 인문학의 만남을 기반으로 한 창조적 융합의 결과로서 가능하다고 생각합니다.

암곡학술총서가 과학과 인문학의 접목을 추구하는 학술의 장을 열고, 진정한 지성인의 성장을 돕는 일에 공헌하기를 바랍니다.